Carlos Figueroa Ibarra

Doctor en Sociología. Profesor investigador del Posgrado de Sociología en el Instituto de Ciencias Sociales y Humanidades de la Benemérita Universidad Autónoma de Puebla. Autor de *El proletariado rural en el agro guatemalteco* (Editorial Universitaria, Guatemala, 1980). Especializado en estudios sobre violencia política, autor de varios libros sobre el tema entre ellos *Paz Tejada. Militar y revolucionario* (Editorial Universitaria, Guatemala, 2001; F&G Editores, Guatemala, 2004); *Los que siempre estarán en ninguna parte. La desaparición forzada en Guatemala* (GAM-ICSYH-BUAP-CIIDH, México, D.F., 1999); *El recurso del miedo. Ensayo sobre estado y terror en Guatemala* (EDUCA, San José, Costa Rica, 1991).

¿En el umbral del posneoliberalismo?
Izquierda y gobierno en América Latina

Carlos Figueroa Ibarra

Carlos Figueroa Ibarra

¿En el umbral del posneoliberalismo?

Izquierda y gobierno en América Latina

Segunda edición

F&G editores

FLACSO
GUATEMALA

¿En el umbral del posneoliberalismo?
Izquierda y gobierno en América Latina
Carlos Figueroa Ibarra

Segunda edición

Impreso en Guatemala

F&G Editores
31 avenida "C" 5-54, zona 7
Colonia Centro América
Guatemala, Guatemala
Telefax: (502) 2439 8358 y (502) 5406 0909
informacion@fygeditores.com
www.fygeditores.com

FLACSO-Guatemala
3ª. Calle 4-44 zona 10, ciudad de Guatemala, Guatemala

ISBN: 978-9929-552-15-9

Guatemala, noviembre de 2010

CONTENIDO

Izquierda y gobierno en los países andinos. ¿Populismo o revolución?

A Carlos Paz Tejada,
modesto y vertical.

Prólogo

Los académicos que asistimos al XXVII Congreso Internacional de la Latin American Studies Association en Montreal durante la primera semana de septiembre de 2007, no pudimos sino recordar una época remota. Aquella en que en su famosa conferencia de 1989, Francis Fukuyama le asignó a la humanidad un único puerto de arribo: la economía de mercado y la democracia liberal y representativa. Signo de los tiempos que vivimos, uno de los momentos estelares de dicho congreso, fue la conferencia del vicepresidente de Bolivia, Álvaro García Linera. Éste contó que antes de llegar a Montreal había estado en Washington y allí había tenido la oportunidad de saludar al famoso académico y asesor político estadounidense. Refirió que uno de sus asistentes le había sugerido que le hiciera una broma a Fukuyama saludándolo con estas palabras: "¿Cómo está Dr. Fukuyama? Aquí lo saluda la historia". La anécdota de García Linera a propósito de Fukuyama, nos hace recordar que hemos vivido en los últimos 30 años una época de vertiginosas catástrofes de paradigmas que en algún momento se postularon como destinos de la humanidad. En efecto, resulta arcaico y remoto el modelo del socialismo estatalista que en un momento se denominó *socialismo real*. Pero de manera asombrosa, también resulta remoto el optimismo neoliberal de Fukuyama que no fue sino la expresión del sentir de los grandes poderes triunfantes después del fin de la Guerra Fría.

Vistas bien las cosas, eso de asignarle a la humanidad un derrotero final siempre ha sido una tontería. Ya lo era cuando dicho destino era postulado como el ineluctable triunfo de la revolución socialista. Pero también lo fue cuando grandes pensadores cayeron en esa tentación: Comte y la etapa positiva, Spencer y la era industrial, el mismo Hegel con su sistema filosófico como totalidad cerrada. Con estos antecedentes, el planteamiento de Fukuyama tenía grandes probabilidades de estar destinado al fracaso. Lo que resulta sorprendente es que en menos de un cuarto de siglo dicho fracaso haya empezado a ser evidente. ¿Estamos observando una crisis terminal del neoliberalismo y por tanto nos encontramos en el umbral del posneoliberalismo? Podemos hablar del fracaso del neoliberalismo si recordamos las promesas que desde siempre se hicieron en la teoría de Milton Friedman y luego en la práctica de su economía política: la economía de mercado elevaría la productividad que se encontraba atada por el estatalismo y el asistencialismo del Estado de bienestar; la elevación de la productividad ocasionaría que la riqueza se derramase para el conjunto de la sociedad y por lo tanto se resolverían las carencias sociales; finalmente, en el contexto de una economía de mercado, la democracia se convertiría en algo indispensable si no es que inevitable.

Algunos académicos cuestionan la idea de que el neoliberalismo se encuentre enfrentando un fracaso: finalmente con dicho modelo económico las ganancias para el gran capital han sido estratósfericas y han generado en los países en donde se ha aplicado, una cúpula empresarial de altísimo nivel. Pero si recordamos que el neoliberalismo se planteó ser no solamente una política económica, sino también una concepción del mundo, la última que presenciaría la humanidad, puede abundarse en la argumentación sobre su fracaso. En lo que se refiere a solución de la pobreza y elevación de los indicadores sociales las cifras son mediocres o francamente malas en todos los países en los cuales la doctrina neoliberal se aplicó: desde Bolivia hasta Rusia, desde Polonia hasta los países del sudeste asiático.

El neoliberalismo prometió una bonanza económica expresada en altas tasas de productividad y hoy puede decirse que el crecimiento del PIB en América Latina se mide en tasas menos que mediocres. El neoliberalismo prometió estabilidad política y la realidad nos indica que aproximadamente 16 presidentes en América Latina han sido derrocados por las rebeliones populares que han provocado las políticas económicas neoliberales. El neoliberalismo prometió también democracia y el resultado de las transiciones no resulta halagador en América Latina. El neoliberalismo también criticó al "Estado obeso" y corrupto que el "populismo" había creado y prometió un Estado probo, mínimo y "musculoso" y lo que ahora observamos en América Latina son Estados donde ha campeado la corrupción, ciertamente fuertes en lo represivo, pero plagados de *vacíos estatales* que son llenados por poderes informales de carácter perverso.

Es este contexto en el cual han surgido vastos movimientos sociales, algunos de los cuales se han articulado en exitosas propuestas electorales con un horizonte posneoliberal. Dos décadas después de que el fin de la Guerra Fría, la crisis del Estado de Bienestar y el colapso del socialismo real, hicieron posible que se planteara que no había mundo posible más allá del capitalismo neoliberal, desde los movimientos sociales, la protesta popular y la lucha electoral, estas verdades antaño indiscutibles se han empezado a cuestionar. Han surgido gobiernos que han sido la continuidad de movimientos políticos y sociales construidos en referencia crítica al neoliberalismo. Podemos decir con cautela que acaso estemos ante la posibilidad de un horizonte posneoliberal. O para decirlo con otras palabras: tal vez estemos en el umbral del posneoliberalismo. Lo que se construya después del neoliberalismo todavía no aparece claro y acaso es inevitable que así suceda. Las nuevas sociedades se construyen en el camino que se hace para construirlas.

Éste es el contexto que ha motivado los tres ensayos que constituyen este texto. Los hilos conductores que los atraviesan son la crisis del neoliberalismo antes apuntada, la emergencia de amplios movimientos sociales que transitan al ámbito de la política y el arribo de la izquierda al gobierno del Estado. En este conjunto de ensayos se examina el caso mexicano en el cual observamos dos de los tres elementos antes apuntados: una crisis del neoliberalismo y el surgimiento de un movimiento político y social, el *lopezobradorismo*, no así el tercero, el cual fue frustrado por un viciado proceso electoral. En el ensayo "Resistencia civil y 'gobierno legítimo' en México" se sostiene que el auge del movimiento *lopezobradorista* institucionalizado en el "gobierno legítimo", se sustenta en la crisis de hegemonía que ha provocado el fracaso neoliberal en México y en la crisis de legitimidad que enfrenta el gobierno mexicano después del proceso electoral de 2006. Aquí no se trata de una izquierda que llega al gobierno, sino que en el marco de una resistencia se declara "gobierno legítimo" y disputa palmo a palmo la hegemonía a un gobierno que se considera espurio.

En "Álvaro Colom, límites e incertidumbres de la socialdemocracia en el gobierno de Guatemala", se examina también el caso guatemalteco. En Guatemala se expresa la crisis del neoliberalismo no por medio de un vigoroso movimiento social que conduce a una crisis hegemónica al neoliberalismo, sino a través del sendero hacia un *Estado fallido*. Dentro y fuera del país en un momento se interpretó la llegada a la presidencia de Álvaro Colom, como el arribo de una izquierda socialdemócrata al gobierno. Se sostiene que dicho gobierno tiene grandes limitaciones en lo que se refiere a ser conceptuado como socialdemócrata o de izquierda: no es la continuidad de un extendido movimiento social, se enfrenta a formidables poderes fácticos, no está sustentado en una economía fuerte y finalmente se encuentra inserto en un Estado lleno de precariedades.

Casi todo lo contrario sucede en los casos de Venezuela, Ecuador y Bolivia tal como se postula en el ensayo "Izquierda y Gobierno en los países andinos. ¿Populismo o revolución?" La arremetida conservadora e imperial contra los procesos en esos países, califica a los mismos como expresión de populismos arcaicos y autoritarios. Sin embargo, lo que se observa en dichos países, sobre todo en lo que se refiere a la emergencia popular, ¿no nos sugiere la posibilidad de que acaso estemos ante una transformación revolucionaria? Los gobiernos de Chávez, Morales y Correa son continuidad de un largo proceso de protestas y movilizaciones sociales y estas protestas y movilizaciones han creado una nueva correlación de fuerzas en el seno de la sociedad. Estas correlaciones de fuerzas se manifiestan en mayorías electorales las cuales han ganado la presidencia de la república y se constituyen en una fuerza significativa en el poder legislativo. Así las cosas el Estado se ha convertido en una zona de disputa por el poder político ante los poderes tradicionales, que acompaña a una subversión de las relaciones sociales entre dominantes y subalternos. El incremento del gasto social, la búsqueda de una democracia participativa y el desafío a la hegemonía imperial de Estados Unidos de América complementan los hechos anteriores y todos ellos se inscriben en un horizonte poscapitalista.

¿Pueden ser calificados los procesos observados en México, Venezuela, Ecuador y Bolivia como populistas o son el síntoma de una fase posterior al neoliberalismo? Las posibilidades de una nueva sociedad enfrentan por lo demás obstáculos formidables, los cuales se expresan de manera particularmente descarnada en Guatemala. He aquí los temas que se exploran en este conjunto de ensayos, animados por la intención de captar las posibilidades de la transformación social, anhelo que durante muchos años sepultó la noche neoliberal. Independientemente del derrotero final que observen los procesos políticos aquí estudiados, hoy se hace cada vez más evidente que la historia no llegó a su fin. Acaso lo que estemos observando es el inicio de un nuevo momento en la historia de la humanidad.

Carlos Figueroa Ibarra,
febrero de 2010.

Resistencia civil y "gobierno legítimo" en México[1]

Introducción

En el último lustro al menos, México entró a formar parte de los países latinoamericanos en los cuales se ha evidenciado la crisis del liberalismo, si es que no podemos hablar de un fracaso del mismo. Es muy probable que si no se hubieran registrado acontecimientos que evidenciaron al menos una calidad muy baja en el proceso electoral de 2006, probablemente la sociedad mexicana hubiese entrado al grupo de países en los cuales existen gobiernos que en mayor o menor medida se ha alejado de la derecha (Brasil, Uruguay, Argentina, Chile y Nicaragua), o bien que de manera abierta se asumen como parte de la izquierda (Venezuela, Bolivia y Ecuador).

1. El autor agradece a Octavio Moreno Velador la colaboración en buena parte de la recopilación hemerográfica que necesitó este trabajo. Originalmente publicado en Moreira, Carlos, Diego Raus, Juan Carlos Gómez Leyton. *La nueva política en América Latina. Rupturas y continuidades.* FLACSO Uruguay, Universidad Nacional de Lanús, Universidad Arcis/Ediciones Trilce, Montevideo 2008.

En este trabajo se parte de cuatro hipótesis. La primera de ellas es que el neoliberalismo ha fracasado en México en los términos de las promesas que hizo hace un cuarto de siglo, cuando se empezó a implantar en el país. La segunda de ellas es que el descontento ante las promesas incumplidas, que también existe en buena parte de América Latina, fue capitalizado por la derecha en el año 2000 y a partir de 2003, empezó a serlo por una parte de la izquierda encabezada por Andrés Manuel López Obrador. La tercera hipótesis es que como consecuencia del fracaso neoliberal en México se observa una crisis de hegemonía de carácter estructural a la que se le ha agregado desde 2006 una crisis coyuntural, la crisis de legitimidad de un gobierno al que se observa como producto de un fraude. Finalmente, sustentamos el planteamiento de que pese a haberse observado una alternancia electoral en el año 2000, cuando Vicente Fox ganó la presidencia de la república, la transición democrática de la que se ha hablado desde hace varios años, quedó maltrecha sino es que destruida, durante el proceso electoral de 2006. Ese año, el complejo institucional construido laboriosamente desde tiempo atrás, no pudo procesar el eventual triunfo de un proyecto político que cuestionaba el modelo económico neoliberal que ha sido el sustrato de la denominada transición democrática en el país.

I.
Fracaso neoliberal y crisis hegemónica

Hablar del fracaso del neoliberalismo resulta un aventurado planteamiento cuando se observa que los gobiernos que se han atrevido a pensar en un proyecto alternativo al mismo, lo han hecho a contracorriente, con muchas dificultades, y contradicciones. Incluso gobiernos que se consideran tributarios de tradiciones de izquierda y consecuencia directa o indirecta de movimientos sociales de reivindicaciones populares, han terminado atrapados en el consenso de Washington. La desilusión que ha provocado el gobierno de Lula en Brasil, el análisis detallado del gobierno de Kirchner en Argentina, las apreciaciones que se puedan hacer de los gobiernos de Tabaré Vázquez en Uruguay y Michelle Bachelet en Chile, evidencian que tales gobiernos no sólo no han roto con el neoliberalismo sino que están convencidos de la justeza de muchas de las políticas neoliberales.[2]

Incluso gobiernos de izquierda que se han propuesto una ruptura con el neoliberalismo, tal es el caso de Venezuela, Bolivia y Ecuador, evidencian que transitan en un estrecho corredor que hace pensar que en gran medida dicha ruptura sea solamente un proyecto estratégico. Ese estrecho corredor está asentado en las correlaciones de fuerzas que dichos países enfrentan en el plano exterior: la hegemonía indisputable de Estados Unidos de América a escala planetaria, la presencia indiscutible del Banco Mundial y el Fondo Monetario Internacional como rectores de las políticas económicas en la región. Pero también las correlaciones de fuerzas en el ámbito interno resultan difíciles de manejar: la fuerza y cohesión que presentan los grupos empresariales más elevados, el activismo de los partidos de la derecha y la hegemonía que las

2. Gómez Leyton, 2007b; Raus, 2007; Moreira, 2007a; Moreira, 2007b; Borón, 2007.

derechas neoliberales y clericales mantienen sobre extensos trozos de la población.

Con las anteriores precisiones, es posible sin embargo hablar del fracaso del neoliberalismo, y por lo tanto de una larga crisis que dista de ser catastrófica, precisamente por los factores atenuantes antes señalados. Sin embargo, hablar de fracaso y/o crisis del neoliberalismo requiere de dos precisiones.

La primera de ellas es que no es posible hablar de tales fracasos y crisis argumentando solamente los pobrísimos indicadores sociales que el neoliberalismo evidencia en toda América Latina.[3] Ciertamente los indicadores sociales nunca fueron la prioridad del neoliberalismo. Su prioridad fue la productividad. De acuerdo con las premisas del discurso neoliberal, era necesario hablar primero de la elevación de la eficiencia productiva y luego de lo que debería ser su resultado, el bienestar social. Por tanto, una crítica al neoliberalismo basada en el fracaso de su proyecto social, se antoja una *crítica externa*, es decir una crítica sustentada en premisas que pueden ser las de los críticos del neoliberalismo, pero no las del propio neoliberalismo. La segunda precisión se dirige hacia los que consideran al neoliberalismo exitoso solamente por las enormes ganancias que han obtenido con sus políticas económicas los grandes grupos del capital. Si el fracaso del neoliberalismo no puede argumentarse en exclusiva por la polarización social y la pobreza que han resultado de sus políticas económicas, el sostener su éxito no

3. Un ejemplo estremecedor puede encontrarse en la situación de Centroamérica y República Dominicana retratada por CEPAL, 2007.

puede restringirse al crecimiento de las tasas de ganancia del gran capital en la región.

Una verdadera *crítica interna* del neoliberalismo debe partir del hecho de que nunca fue solamente un conjunto de políticas económicas sino una exitosa ideología que, incluso, en sus versiones más pedestres, llegó a proclamar el fin de la historia. El neoliberalismo no ha sido pues solamente una política económica sino también una concepción del mundo que abarca una visión del estado, de la política, de la economía, de la globalización, del consumo, de la ética, y hasta del éxito o fracaso personal. Para convertir esta concepción del mundo en sólida hegemonía el neoliberalismo hizo promesas que solamente en algunos lugares ha cumplido. Una ideología puede convertirse en algo exitoso cuando tiene núcleos de verdad y cuando se convierte en alternativa para el conjunto de una nación e inclusive como una alternativa para la humanidad (Gramsci, 1975a; 1975b; Eagleton, 1997). A todo esto ha aspirado el neoliberalismo, y precisamente en el tamaño de sus aspiraciones y promesas ha radicado su principal debilidad en la región. El neoliberalismo prometió una bonanza económica expresada en altas tasas de productividad y hoy puede decirse que el crecimiento del PIB en América Latina frisa en el 4% (es lo estimado en 2006), y que una buena parte del mismo radica en las remesas que desde diversos países del primer mundo envían los expulsados de toda la región: los millones de migrantes latinoamericanos, expresión del fracaso neoliberal.

El neoliberalismo prometió, como resultado de una bonanza productiva, una bonanza social que no se ha cumplido en la región como lo evidencia el aumento del número de pobres y miserables en la región

(Figueroa, 2005b). El neoliberalismo prometió estabilidad política y la realidad nos indica que aproximadamente 16 presidentes en América Latina han sido derrocados por las rebeliones populares que han provocado las políticas económicas neoliberales (Figueroa, 2005c). Un buen indicador del fracaso neoliberal radica precisamente en el auge que le ha dado a la izquierda en estos primeros años del siglo XXI, después de que la crisis del Estado de Bienestar y la debacle del socialismo real en 1989 le propinaron una severa derrota. El neoliberalismo prometió también democracia y el resultado de las transiciones no resulta halagador en América Latina, como incluso lo reconocen hasta algunos de los más reconocidos *transitólogos* (véase sección IV de O'Donnell, 1997). El neoliberalismo también criticó al "Estado obeso" y corrupto que el "populismo" había creado y prometió un Estado probo, mínimo y "musculoso" y lo que ahora observamos en América Latina son Estados donde ha campeado la corrupción, ciertamente fuertes en lo represivo, pero plagados de *vacíos estatales* que son llenados por poderes informales de carácter perverso (Figueroa, 2005b). No puede dejar de vincularse lo que acontece en toda América Latina con la crisis política y social que se ha observado en México en los últimos años. Las promesas incumplidas por el neoliberalismo en América Latina como región, también han sido incumplidas en México. De una manera apretada mencionaremos algunos datos que nos pueden llevar a la conclusión de que lo que se vive en México, es el retrato local del fracaso neoliberal en América Latina entera.

La economía mexicana dirigida por la tecnocracia neoliberal se ha desenvuelto con muchos tropiezos:

las tasas de crecimiento del PIB han tenido un promedio del 2% en el período neoliberal (desde 1982 hasta la fecha) que contrasta con el 6% que caracterizó al período del desarrollismo (Babb, 2001). En mayo de 2007, la Secretaría de Economía anunció como gran logro el que durante el primer trimestre del año, la economía haya crecido en 2.6% lo que significó una variación positiva de 0.16% en relación con el mismo período en 2006 (Arteaga, 2007). La extrema pobreza asedia a más de una tercera parte de las familias mexicanas (Babb, 2001) aunque el gobierno mexicano ya ha aceptado la existencia de un 53% de pobres.

Mientras que Vicente Fox, el eficiente candidato del Partido Acción Nacional (PAN), prometió en la campaña electoral del año 2000 que la economía crecería al 7% anual y que crearía un millón 500 mil empleos anualmente, al término de su gestión y al inicio de la de Felipe Calderón, la situación era desalentadora (Kersffeld, 2006: 13). El desempleo abierto durante el primer trimestre de 2007 fue de 4% en contraste con lo que sucedía durante similar período en 2006, cuando estuvo en 3.5%. Las complacientes estadísticas oficiales se evidencian en los criterios para establecer tales porcentajes: el Instituto Nacional de Geografía e Informática (INEGI) indica que el 4% referido significa que entre enero y marzo de 2007, 1.7 millones de personas mayores de 14 años no trabajaron ni una hora a la semana. Además de esta cantidad de desempleados, las estadísticas nos indicaron que otros 3.3 millones fueron subocupados (empleados unas cuantas horas a la semana). A estos 5 millones de personas desempleadas y subocupadas, habría que agregar otros 11.4 millones ubicados en la economía informal los cuales representan el 27% de la población económicamente activa (PEA) (Es Mas, 2007). Según datos del Instituto Nacional de la Juventud, el 70% de los jóvenes que consiguen empleo no tienen un trabajo fijo ni prestaciones mientras el 60% gana entre 1 y 3 salarios mínimos (Castillo, 2007). Si la explotación del trabajo juvenil es alarmante, la del infantil no lo es menos; los datos del Centro de Investigaciones Económicas, Administrativas y Sociales del Instituto Politécnico Nacional revelan que el 12% de los niños trabajadores (empleados en negocios familiares) no reciben salario alguno mientras que los remunerados (empleados en la industria textil y en la economía informal) perciben un salario muy bajo. Solamente en la ciudad de México se estiman en 120 mil los niños en situación de calle y en 9 de los 32 estados el riesgo nutricional extremo afecta a más del 25% de los infantes. En Oaxaca, Guerrero y Chiapas el porcentaje de niños en la misma situación abarca a más del 50% (Olivares, 2007).

El neoliberalismo ha hecho énfasis en la educación como una de las vías para el desarrollo, pero las cifras no sustentan en la práctica las afirmaciones formuladas por Vicente Fox cuando era candidato en 2000: "la solución para México radica en educación, educación y más educación". Mientras países del sudeste asiático invierten entre 2 y 3% de su PIB en ciencia y tecnología, la inversión de México alcanza apenas un 0.5%. Datos del Instituto Nacional de Educación de Adultos revelaban a mediados de 2007, que 30.1 millones de personas mayores de 15 años tenían inconclusos sus estudios de primaria y secundaria. Estas personas representaban el 60% de la PEA. La cifra de personas que ni siquiera habían concluido la primaria ascendía a casi 10 millones. En las regiones de población indígena, el rezago educativo abatía al 80% de la población (Milenio, 2007a).

El desempleo según cálculos conservadores, expulsa alrededor de 400 mil mexicanos que logran pasar la frontera con Estados Unidos de América y se quedan laborando allí. Las remesas de dólares se ha convertido en un ingreso de primera importancia para México. Solamente en el primer trimestre de 2007 ingresaron al país 5,360 millones de dólares (un 3.4% mayor que en el primer trimestre de 2006), lo que nos hace calcular que para este año entre 21 y 22 mil millones de dólares ingresarán al país por concepto de remesas. Cerca del 95% de ese dinero son utilizados por los familiares de los migrantes para satisfacer necesidades básicas (Flores, 2007).

La baja productividad se une a la evasión fiscal y a la corrupción para mermar los ingresos del Estado. El Estado *musculoso* prometido por el neoliberalismo es en realidad un Estado *famélico* en materia de políticas públicas, sobre todo las sociales. Emilio Caballero, un economista de la Universidad Nacional Autónoma de México (UNAM) ha expresado que los ingresos tributarios en México son de los más bajos del mundo, pues el Estado percibe solamente el 10.2% del PIB por concepto de los mismos. Los grandes empresarios son beneficiados con tratamientos de excepción y regímenes especiales que le merman ingresos al Estado en 502 mil millones de pesos al año lo que representan entre un 5 y 6% del PIB (Notimex, 2007). La corrupción y malversación de fondos terminan por privar al Estado de buena parte de sus ingresos. Dos casos ilustran con creces este mal. El primero de ellos es el desvío de más de 1,100 millones de pesos (aproximadamente 100 millones de dólares) de la empresa petrolera del

Estado (PEMEX) por parte de Rogelio Montemayor, director de la paraestatal durante el gobierno de Ernesto Zedillo (1994-2000), probablemente para pagar gastos de campaña del candidato priísta que fue derrotado por Fox. El otro caso es el del director de PEMEX del sexenio de Vicente Fox (2000-2006), Raúl Muñoz Leos, a quien se le acusó de un desvío de 1,724 millones de pesos (aproximadamente 157 millones de dólares) a favor del sindicato petrolero. Cabe recordar que Muñoz Leos había dejado su cargo después de un escándalo suscitado cuando se descubrió que había usado fondos públicos para pagar una cirugía estética de su esposa (Ramos, 2007).

El Estado *famélico* se revela en toda plenitud cuando la fuente de ingresos más importante del país, los recursos petroleros (aproximadamente 72 mil millones de dólares), es sangrada significativamente para hacerle frente al gasto público que no se puede afrontar con propiedad debido a la evasión fiscal. El resultado es una empresa petrolera cada vez más ineficiente debido a su escasa reinversión, lo cual a su vez ha generado argumentos para su privatización. La evasión fiscal sobre todo de los grupos económicos más poderosos (grandes consorcios empresariales pagan ¡entre 7 y 8 dólares de impuestos al año!) ha hecho al gobierno encabezado por Felipe Calderón pensar en la necesidad de una reforma tributaria (Solís, 2007). La iniciativa se envió al poder legislativo a mediados de 2007. El examen de la misma indica que no se concibe en términos de abatir la evasión fiscal de los más poderosos, sino en medidas emergentes para resolver el déficit fiscal que para fines de 2007 estará en 300 mil millones de pesos. Entre las medidas emergentes estaría el perseguir a la economía informal para obtener fondos adicionales (*La Jornada*, 6/2007; Castellanos y González, 2007). Así las cosas, el Secretario de Hacienda, Agustín Carstens, se asegura de mandar un mensaje tranquilizador al gran capital al decir: "no se trata de recaudar por recaudar, lo que fue interpretado como un mensaje a las fracciones parlamentarias que buscan gravar a las grandes empresas nacionales que evaden impuestos" (Juárez, 2007). La iniciativa fue rechazada por López Obrador porque los 300 mil millones de pesos que se esperan obtener con la misma no provendrán de los grandes capitales sino de los trabajadores, clases medias y medianos empresarios (Cárdenas, 2007).

Es de hacer notar que buena parte de las economías neoliberales en América Latina cuentan con el narcotráfico como una de sus principales fuentes de crecimiento. Los cárteles de Sinaloa, del Golfo, de Juárez, Tijuana, para citar los más mencionados por los medios de comunicación, mantienen una disputa constante de territorios que ha originado una notable elevación de la violencia criminal en el país. La *colombianización* de México, caracterización tremendista, refleja sin embargo la importancia creciente del narcotráfico en la vida nacional. Cuando se iniciaba junio de 2007, la guerra entre los cárteles y el Estado y sobre todo, entre los propios cárteles, arrojaba ya 1,200 muertes. Desde el año 2001, cuando las ejecuciones ascendieron a 1,080, tales cifras no han cesado de ascender. En 2002, el número fue de 1,230; en 2003, 1,290; en 2004, tal número ascendió a 1,304; en 2005, se observaron 1,776 ejecuciones mientras que en 2006, la cifra sobrepasó los dos millares, 2,100 para ser exactos (Redacción *El Universal*, 2007). El que en junio de 2007, la cifra llegue a 1,200 permite pensar que a finales de 2007 ascendería a alrededor de 2,400 muertos. En el primer semestre de 2007, un periodista concluía en su libro que en años pasados los altos jefes policiacos, como representantes del poder presidencial, les dictaban las reglas al narcotráfico. Actualmente los papeles se han invertido: los narcos dictan las reglas (Ravelo, 2007: 13). México ya es lugar de consumo de droga, por lo que ha proliferado el llamado *narcomenudeo*. Según fuentes policiacas federales y la Procuraduría de Justicia de Michoacán, en 2006 funcionaban en el estado 16 mil "tienditas" que vendían cocaína (Ravelo, 2007: 57). Esto no excluye que estando a la vecindad del mayor mercado para narcóticos del mundo, el papel de México como lugar de tránsito sea primordial. Las vías de acceso de la droga al territorio nacional son múltiples, entre ellas los aeropuertos, lo que revela el poder corruptor del narcotráfico. Según datos del Centro Nacional de Planeación, Análisis e Información para el Combate de la Delincuencia (CENAPI), el 50% de la droga incautada desde 2000 a 2007 (cocaína, metanfetamina, seudoefedrina) se hizo en el aeropuerto de la ciudad de México. Otros 15 aeropuertos del país también han sido detectados como lugares de tránsito de la droga (Otero, 2007).

En un país con los indicadores sociales que antes hemos mencionado, las políticas neoliberales han degradado aun más al campo. Vastas regiones en estados del norte del país, como Michoacán, Zacatecas o Coahuila han quedado con una mínima población masculina debido a la migración hacia Estados Unidos de América. La población que se queda tiene como opción una vida llena de pobreza, o quizás, unirse a las infanterías del crimen organizado como cultivadores o como sicarios. Una crónica sobre miseria y narcotráfico en alguna región del estado de Michoacán nos dice lo siguiente: "En los poblados de Tierra Caliente, el kilo de carne cuesta hasta 70 pesos. Y el botellón de agua, de 15 a 20. Los jornaleros ganan menos de un salario mínimo al día, por lo que no llegan a los 2 mil pesos al mes. Por eso hay que 'amarrarse' la tripa y aguantarse la sed, porque aquí, con trabajo honesto de campo, no hay quien pueda ganar más que eso." Con temperaturas de hasta 40 grados centígrados, el agua al igual que la comida es un lujo que pueden permitirse holgadamente los ricos del lugar, los migrantes que de cuando en cuando regresan a visitar su tierra natal y finalmente, los que trabajan para el narcotráfico. Dice un síndico del municipio de Villa Madero, acerca del otro grupo que puede comer y beber: "Otros que agarraron el mal camino, como los de las rancherías, que andan en sus cosas de hierbas y eso (...)". En esos lugares, cortar una tonelada de caña le rinde a los jornaleros 440 pesos (aproximadamente 35 dólares), mientras en el mercado de las drogas, un kilo de mariguana cuesta 7 mil 800 dólares, si es de la buena, según las cifras de la Procuraduría General de la República. A fines de 2006, un vocero de *La Familia*, filial del cártel del Golfo en Michoacán y que opera precisamente en la zona de Tierra Caliente, se vanagloriaba de tener un ejército de 4 mil integrantes y que sus empleados tenían un salario de entre 1,500 y 2 mil dólares mensuales (Ravelo, 2007: 51).

En este contexto, no debe extrañar que el narcotráfico sea una industria boyante. Con buenos precios en el mercado estadounidense, la impunidad y la corrupción van de la mano. Si es cierto que se necesitan 1 millón 500 mil empleos al año, que sólo se crean 300 mil (Kersffeld, 2006: 13), que 7 de cada 10 empleos nuevos se crean en la economía informal (Milenio, 2007b), que el 70% de los jóvenes que consiguen empleo no tienen un trabajo fijo ni prestaciones, que el 60% gana entre 1 y 3 salarios mínimos al mes (aproximadamente entre 115 y 350 dólares), cabe conjeturar que el narcotráfico puede llegar a tener una considerable población joven dispuesta a engrosar sus infanterías. Con capacidad financiera para contar con armamento sofisticado y una buena cantidad de jóvenes dispuestos a ganar mucho más dinero que lo que pueden ganar en el empleo lícito o informal, no debe extrañar el crecimiento de los grupos armados al servicio del narcotráfico. Como quiera que sea, la envergadura y audacia de los enfrentamientos de esos grupos contra el ejército y la policía parece ir creciendo. La toma del poblado de Cananea por alrededor de 50 sicarios, los combates que se sucedieron en la sierras aledañas en Arizpe, estado de Sonora, y que dejaron como resultado 15 sicarios y 5 policías muertos, es un ejemplo ilustrativo (El Imparcial, 2007).

Los datos anteriores pretenden sustentar que, pese a que México no escapa a la continuidad neoliberal que se observa en la mayor parte de la región, el neoliberalismo enfrenta la realidad de un fracaso. La crisis del neoliberalismo deriva de dicho fracaso, aunque ésta no se manifieste de manera catastrófica y por lo tanto no signifique que presenciemos una *crisis nacional general*. Pero en tanto que el neoliberalismo se asumió como una nueva concepción del mundo, y tuvo pretensiones hegemónicas más allá de ser una política económica, su fracaso económico y social se está convirtiendo en una creciente crisis hegemónica. Esta crisis hegemónica se evidenció en que un candidato presidencial con un proyecto crítico del neoliberalismo, adquirió una gran popularidad desde el año 2003. La crisis hegemónica se manifestó plenamente en el conflicto político que culminó con la crisis poselectoral de 2006.

II. CRISIS HEGEMÓNICA Y RESISTENCIA CIVIL

Durante muchos años, la sociedad mexicana mostró una gran estabilidad política, evidencia de un Estado fuerte, es decir con una gran capacidad hegemónica. Esta capacidad estaba asentada en la construcción de una sólida ideología oficial que mezcló la ideología del progreso heredada del liberalismo y de la dictadura porfiriana, con los propósitos modernizantes de figuras como Obregón y Calles, las aspiraciones campesinas que encarnaron Villa y Zapata, los ideales libertarios de contenido proletario de los Flores Magón (Córdova, 1973). A esto habría que agregar el nacionalismo y la justicia social de Cárdenas y la recuperación en la historia oficial de figuras como Hidalgo, Morelos y Juárez.

El resultado fue un cuerpo ideológico coherente que se plasmó en el *nacionalismo revolucionario.* Pero como alguna vez lo planteó Gramsci, la hegemonía por sí misma no es eficaz si no se asienta en un sustento material (Gramsci, 1975a; 1975b). El *nacionalismo revolucionario* estuvo sustentado en la versión mexicana del Estado keynesiano, un Estado con base en las inercias de la reforma agraria cardenista y de los logros del sistema de seguridad social. Complementaron el sustento del Estado mexicano una clase obrera corporativizada en las centrales sindicales, un crecimiento de las clases medias urbanas, un conjunto de políticas redistributivas y en la *mediación prebendal*. Articulado el poder político en un partido de Estado (el Partido Revolucionario Institucional [PRI]) y un sistema autoritario de carácter presidencialista, el Estado mexicano mostró una solidez que lo llevó a una continuidad de poco más de siete décadas y que apenas fue asediada por algunos sobresaltos. Esto fue lo que se empezó a desmantelar con el gobierno de Miguel de la Madrid (1982-1988) y continuó de manera rampante con el de Carlos Salinas de Gortari (1988-1994). Este desmantelamiento se realizó a costa de una crisis política significativa (la que se derivó del fraude electoral contra Cuauhtémoc Cárdenas en 1988) y a la larga, le costó al PRI perder las elecciones presidenciales en el año 2000.

Pero en el corto plazo, Salinas de Gortari fue exitoso en remontar la crisis de legitimidad con la que había llegado a la presidencia. El desmantelamiento del *nacionalismo revolucionario* y su sustitución por el neoliberalismo, con las políticas públicas que ello implicó, motivó un desgajamiento del PRI (la Corriente Democrática), que se alió a la izquierda histórica y constituyó un frente electoral que pudo haber ganado las elecciones de 1988.[4] Este hecho y el que se estaba rompiendo el pacto social que se había establecido desde la institucionalización de la revolución, crearon una crisis de legitimidad del gobierno entrante que

4. La verdad nunca se sabrá, porque la oposición de derecha (el Partido Acción Nacional [PAN]), pactó con el PRI que se quemaran las boletas electorales.

se articulaba con una crisis más profunda. Ésta se derivaba del descontento que generaba en amplios sectores de la población, la ofensiva neoliberal en materia de gasto social y Estado interventor. Sin embargo, en un lapso de dos o tres años, el salinismo logró remontar la crisis y articuló una nueva hegemonía sustentada en el remozamiento de las promesas neoliberales. Se dijo que con las "reformas estructurales" (apertura, privatizaciones y recortes del gasto social), México se encaminaría por la senda del progreso, la que se había perdido desde la agonía del sexenio de José López Portillo (1976-1982). La alianza con Estados Unidos de América, plasmada en el Tratado de Libre Comercio que habría de entrar en vigor en enero de 1994, encaminaría al país hacia el primer mundo. La crisis de legitimidad provocada por el eventual fraude electoral de 1988, se solventó con estos planteamientos y un temporal auge económico que habría de mostrar su fragilidad en diciembre de 1994 y enero de 1995. El levantamiento zapatista de enero de 1994, barruntó la crisis que se avecinaba. Hizo pensar a muchos que Salinas de Gortari pensaba en hacer declinar a Luis Donaldo Colosio de la candidatura oficial a la presidencia, y esos rumores complicaron aún más la situación cuando éste fue asesinado en marzo de ese año. El espejismo salinista se disolvió entre diciembre de 1994 y enero de 1995, cuando los rumores de una devaluación provocaron la fuga masiva de capitales del país y el país entró en una notable crisis económica.

Desmantelado el *nacionalismo revolucionario*, la ideología de recambio, el neoliberalismo, entraba en un largo proceso de deterioro hegemónico. Desde 1987, Cuauhtémoc Cárdenas había encabezado la crítica al autoritarismo del *priato*. El partido por él fundado, el Partido de la Revolución Democrática (PRD), había luchado contra el sistema de partido de Estado y el autoritarismo presidencialista, contra la corrupción y por una democracia efectiva. Pero el momento de Cárdenas había sido en 1988, como se demostró en las elecciones de 1994 en las que apenas obtuvo un 16% de los votos (Kersffeld, 2006: 19). El descontento en contra del neoliberalismo y el autoritarismo priísta, habría de ser paradójicamente capitalizado por la derecha durante el sexenio de Ernesto Zedillo (1994-2000). Acumulando fuerzas desde el momento en que fue electo gobernador de Guanajuato, Vicente Fox inició una temprana campaña electoral en la que mostró eficiencia en imagen y discurso. Logró arrebatar la bandera del cambio a Cárdenas y al *perredismo* y finalmente logró triunfar en las elecciones del 2000, derrotando al candidato oficial, Francisco Labastida. Pese a un momento esperanzador, cuando en 1997 logró ganar la jefatura de gobierno del Distrito Federal, Cárdenas nuevamente se quedó relegado en su voto duro del 16% (Kersffeld, 2006: 19). Lo frustrante para la izquierda en México fue que el deterioro hegemónico del neoliberalismo, que acentuaba el descontento en contra del PRI (ejecutor de las políticas públicas neoliberales), fue capitalizado por un candidato y un proyecto que no significaba sino el recambio de los ejecutores de dichas políticas neoliberales.

Así las cosas, lo novedoso desde 2003 fue que el descontento social provocado por el neoliberalismo (se ha abundado en los motivos en páginas anteriores), esta vez estaba siendo capitalizado por un personaje que se mostraba crítico del neoliberalismo, que estaba emparentado con el *nacionalismo revolucionario*, aunque era consciente de que no era posible simplemente reeditarlo. Andrés Manuel López Obrador, ganador en el año 2000 de las elecciones para jefe de gobierno capitalino, empezó a ascender en popularidad con su imagen de político austero, intachable, trabajador incansable y propiciador de políticas sociales. Su gestión como jefe de gobierno fue exitosa y lo fue colocando como el candidato natural de la izquierda para el proceso electoral de 2006. No sucedería esto sin un creciente descontento de Cuauhtémoc Cárdenas.

La transición democrática mexicana, tan alabada por la alternancia electoral observada en 2000, cuando un candidato de la oposición triunfó en las elecciones y llevó a un nuevo partido al ejecutivo después de 71 años, empezó a tener su prueba de fuego ante esta nueva situación. La alternancia entre el partido oficial y uno de la oposición, cuando los proyectos en medio de sus diferencias los homogeneizaba el ideario neoliberal, resultaba diferente a una alternancia observada entre dos candidatos y dos partidos que encarnaban proyectos distintos.[5] La transición naufragó ante la posibilidad de que un candidato presidencial como López Obrador ganara las elecciones. Ni siquiera pudo asumir plenamente la visión mínima de la democracia, la que alguna vez postuló Joseph Schumpeter en el sentido de que la democracia era un procedimiento

5. El Ejército Zapatista de Liberación Nacional (EZLN, 2005) y muy en particular el subcomandante Marcos, consideran al PRD y a partidos similares como parte de los proyectos neoliberales que buscan ser gobiernos de "izquierda" que garantizan la "lubricación" de la barbarie capitalista. Véase subcomandante Marcos (2005, 2006). Me he unido a los que adversan ese sectarismo en Figueroa 2005a, 2006, 2007a, 2007b.

para elegir gobernantes entre diferentes opciones (Schumpeter, 1968).

Desde 2003, la derecha en México decidió eliminar políticamente, ante la incapacidad de hacerlo físicamente, a un contendiente que le resultaba peligroso, o como después lo pregonó, que era "un peligro para México".[6] En aquel momento, López Obrador ya encabezaba las encuestas de popularidad entre los políticos mexicanos y posteriormente empezó a encabezar las encuestas que sondeaban la intención de voto. Pero esta popularidad que reflejaban las encuestas, era solamente una cuantificación de lo que ya empezaba a suceder. Después de largos años de agravios y desilusiones, un vasto movimiento político y social se estaba gestando con vista al proceso electoral de 2006. El gobierno de Fox había resultado un fiasco para millones de mexicanos que votaron por el candidato *panista* en 2000. Grandilocuente y superficial, el presidente encabezaba un gobierno de magros resultados después de las grandes promesas del candidato triunfador. La cónyuge del presidente gravitaba tanto que el primero había acuñado la expresión "pareja presidencial", como si también Martha Sahagún hubiese sido electa en julio de 2000. Al desencanto ante los resultados del gobierno *panista* se agregó la catalización que provocó la ruda campaña a la que fue sometido el jefe de gobierno capitalino.

Habrá que recordar los distintos episodios de esta

---

6. Entenderemos por derecha en el momento actual en México a los grandes capitales, las cámaras empresariales que los representan, la alta jerarquía de la Iglesia católica, los grandes medios de comunicación, al poder ejecutivo y a las cúspides del PRI y del Partido Acción Nacional (PAN).

lucha despiadada que comenzó a orquestarse cuando las encuestas empezaron a revelar en 2003 que los índices de aceptación para López Obrador subían, no solamente en el Distrito Federal sino en todo el país. Los medios se prestaron a hacer un escándalo sobre el salario de quien se decía era el "chofer" de López Obrador. En el segundo semestre de 2003, vino el asunto del paraje de San Juan, verdadero ensayo general del golpe que se empezaba a planear con el desafuero del que después fue víctima López Obrador. Los tribunales condenaron al gobierno de la ciudad de México, a pagar en un lapso perentorio, alrededor de 1,800 millones de pesos como indemnización al supuesto propietario del predio por haber sido ilegal la expropiación que ni siquiera el gobierno de López Obrador había realizado. Al final quien clamaba ser propietario del extenso terreno resultó ser un impostor. Un tercer momento fue la tormenta que en marzo de 2004 desataron los videos de Gustavo Ponce y René Bejarano, allegados al jefe de gobierno capitalino. Ambos fueron videograbados en actos que revelaban conductas corruptas. El golpe había sido pensado de manera maquiavélica, para usar el término en su peor sentido, a efecto de demoler el "mito" de la honestidad valiente. El gobierno de López Obrador era tan corrupto como cualquiera.

Cuando los efectos de tales videos se estaban disipando, en el segundo semestre de 2004 vino todo el montaje del predio de El Encino que sirvió para armar la imagen de un López Obrador autoritario que desconocía amparos y suspensiones dictadas por los tribunales. Desobedeciendo una orden judicial, el jefe de gobierno capitalino supuestamente había continuado las obras de construcción de una vía de acceso a un hospital. Pero el objetivo final de todo este escándalo no radicaba en la difusión de dicha imagen, sino en inhabilitarlo políticamente por medio del desafuero, lo cual finalmente se logró en los primeros días de abril de 2005. El PRI, el PAN y el partido Verde Ecologista se unieron para quitarse de en medio al que se consideraba ya el rival a vencer.

El proceso que condujo a la inhabilitación de López Obrador como posible contendiente en las elecciones presidenciales, hizo crecer las simpatías por él, de amplios sectores de la población, y acicateó una movilización social significativa. Un recuento hemerográfico puede dar cuenta de estas movilizaciones callejeras en las cuales se fue gestando lo que después sería conocido como la resistencia civil. El 18 de julio de 2004 concluyó la marcha de las cien horas con mítines en el D. F., estados de México, Tabasco, Sonora y Guerrero (Romero y González, 2004). Una segunda gran concentración le siguió el 29 de agosto del mismo año, fecha en la cual López Obrador presentó ante medio millón de personas en el zócalo capitalino (equivalente a Plaza de Armas) los 20 puntos de lo que se empezó a llamar el Proyecto Alternativo de Nación (Romero, 2004). En aquel momento hubo quien consideró esa concentración la "más grande manifestación política de la historia" (Avilés, 2004). Muchas más grandes habrían de observarse en los años siguientes. En abril de 2005, el día en que López Obrador tuvo que concurrir a la sesión de la Cámara de Diputados, que lo desaforó, el zócalo se volvió a llenar pese a que era un día entre semana. Un mes de intensa agitación en todo el país culminó el domingo 24 de abril, cuando más de un millón 200 mil personas efectuaron la "marcha del silencio" para protestar contra el desafuero (González, 2004). Al mismo tiempo se observaron manifestaciones y marchas en Minatitlán, Jalapa (Veracruz), Tuxtla Gutiérrez, San Cristóbal de las Casas (Chiapas), Ensenada, Tijuana, Mexicali (Baja California), Ciudad Obregón, Hermosillo (Sonora), Culiacán (Sinaloa), Valladolid, Yucatán, Matamoros (Tamaulipas), Monterrey (Nuevo León) (Lastra et al, 2004). La creciente movilización social era ya una movilización política que estaba estremeciendo al gobierno de Vicente Fox. A fines de abril, el presidente anunció que la acción del desafuero quedaba suspendida y que aceptaba la renuncia del Procurador General de la República, Rafael Macedo de la Concha. La derrota de una confabulación, hecha desde el gobierno federal y otros ámbitos, para deshacerse de un candidato presidencial que era ya una verdadera amenaza para el proyecto neoliberal, significó un funesto precedente para una visión elitista y autoritaria de la política.

Una intensa movilización desde la sociedad civil hacía retroceder una decisión tomada en las alturas, y generaba optimismo en la población en lo que se podía lograr desde abajo. Lo observado por el autor de este trabajo con respecto a la composición ideológica de los participantes en las marchas y manifestaciones, hace concluir que la extrema heterogeneidad de los mismos era evidente. La inmensa mayoría de los manifestantes eran ciudadanos indignados por la injusticia. Injusticia que colocaba a una gran mayoría del país agobiada por la miseria, mientras una minoría de políticos venales y grandes empresarios favorecidos por el gobierno vivían en insultante bonanza. En suma, los agraviados por el neoliberalismo, los desilusionados por sus promesas. Además de todos ellos, el observador podía ver a nacionalistas revolucionarios desafectos al giro dado por el PRI, ex *panistas* disidentes radicales ante las nuevas dirigencias del PAN, socialdemócratas de todos los colores, comunistas de todas las variedades, trotskistas, anarquistas, antiimperialistas, cristianos por el socialismo, cristianos a secas, demócratas sinceros y hasta zapatistas desobedientes y con sentido común.[7] El movimiento político y social que se encarnó en el liderazgo de López Obrador fue y sigue siendo algo que no lo aglutina la ideología, sino la política. Otro tanto puede decirse de la composición social del *lopezobradorismo*: trabajadores urbanos y rurales de las más distintas clases, campesinos, burócratas, maestros, pequeños comerciantes, artesanos, desempleados, jubilados, pequeños y medianos empresarios, intelectuales, artistas, académicos, estudiantes, pobladores, ambulantes, alternativos, ambientalistas, activistas del movimiento gay y lésbico. Ciertamente hubiese sido un acontecimiento inesperado e insólito, si algún gran empresario hubiese apoyado activa y explícitamente al movimiento.

Hasta el mes de marzo de 2006, el ascenso del movimiento *lopezobradorista* fue imparable. Antes de que fueran sesgadas por los grandes poderes del país, las encuestas revelaron que López Obrador sería el presidente de México a partir de diciembre de 2006.[8]

7. El malestar que ello ocasionó a Marcos puede verse en su documento *Los zapatistas y la Otra: los peatones de la historia* (Subcomandante Marcos, 2006).

8. Las encuestas pueden consultarse en las páginas electrónicas de GEA ISA <http: //www.isa.org.mx/contenido/encuestas.htm>; <http: //olganza.com/2006/03/31/encuesta-gea-isa-

Según GEA-ISA en 2005, en febrero López Obrador tenía 44% de las preferencias electorales, en marzo 49%, en agosto 43%, en noviembre 38%. En 2006 empezó a observarse un declive en enero con 35%, del que se recuperó en febrero con 41%, para volver a bajar en marzo, esta vez a un 34% en un momento crucial porque de acuerdo con la encuestadora, era la primera vez que el candidato de la derecha superaba a López Obrador. En el mes de enero de 2006, Consulta Mitofsky ubicaba a López Obrador con casi 39% y a Calderón con 31%, mientras en marzo en coincidencia con otras encuestadoras, todavía ubicaban a López Obrador con un 37.5%.

Es en este momento cuando empieza el quinto momento de la arremetida contra López Obrador, ya entonces candidato de la Coalición Por el Bien de Todos (CPBT-alianza del PRD, Convergencia y el Partido del Trabajo-PT). Este quinto momento, pudo advertirse con la llamada "guerra sucia" observada en la campaña electoral en la cual todo el poder mediático y el poder del dinero hicieron uso de una formidable propaganda negra sobre el peligro que para México representaba el candidato de la CPBT. El gobierno de Fox participó activamente en esta campaña, se estimó que alrededor de 1,500 millones de pesos fueron invertidos en propaganda oficial que apoyaba de manera vergonzante al candidato oficial. En abril de 2005, según Consulta Mitofsky, López Obrador y Calderón estaban en virtual empate técnico con 34 y 35% respectivamente. En junio de 2006, las tendencias eran similares, 35% para López Obrador y 32% para

marzo-calderon-supera-a-amlo-en-encuestas>/ y Consulta Mitofsky <http: //www.consulta.com.mx/>

Calderón. Independientemente de la poca o mucha confiabilidad que pudieran tener las empresas encuestadoras, el hecho cierto es que la campaña mediática hecha desde el PAN, desde las cámaras empresariales, desde el gobierno federal, con el beneplácito y colaboración del duopolio televisivo de Televisa y TV Azteca, fue efectiva.[9] Lograron abatir la gran ventaja inicial que López Obrador contaba en los momentos posteriores al levantamiento del desafuero. El resto se lograría con el fraude. En medio del golpeteo moral hecho desde los grandes medios de comunicación, de la inmensa mayoría de los periódicos impresos, de buena parte de las radiodifusoras locales y nacionales, se realizó el cierre de campaña de la CPBT y López Obrador. Cientos de miles de personas se congregaron en el zócalo capitalino bajo la lluvia (Avilés, 2006).

El día de la elección, los aparatos de los gobernadores priístas concertados por la dirigente del magisterio Elba Esther Gordillo, hicieron todos los esfuerzos para volcar sus caudales electorales a favor de Felipe Calderón. Las denuncias de la desaparición en las listas de empadronados de miles de votantes identificados como simpatizantes de López Obrador, la ausencia de representantes de casillas que fue aprovechada por los otros partidos, probablemente representantes de casillas de la CPBT que finalmente actuaron a favor del candidato oficial, y por último la manipulación electrónica de los resultados, son algunos de los hechos denunciados por los partidarios de López Obrador. Éste fue el sexto momento de la guerra política que

9. Cuando se escribían estas líneas empezó a circular un importante análisis de la "guerra sucia". Véase Villamil y Scherer, 2007.

se dirigió contra la izquierda electoral. El Instituto Federal Electoral mantuvo una actitud equívoca y ambigua, y en general pudo observarse un cierre de filas de todas las instituciones involucradas en el conflicto poselectoral: el Gobierno Federal, la Suprema Corte de Justicia, el Tribunal Electoral del Poder Judicial de la Federación.

Hemos caracterizado los distintos momentos de la ofensiva de la derecha y gubernamental contra el movimiento *lopezobradorista*. Es bueno intentar una periodización de la resistencia civil. Podemos observar un primer momento de gestación y maduración que puede ubicarse entre el primer semestre de 2003 hasta los días del desafuero en abril de 2005. Un breve segundo movimiento, de gran agitación y fuertes manifestaciones de resistencia civil, se observará durante todo ese mes de abril hasta concluir con la masiva manifestación del silencio del 24 de ese mismo mes. A partir del levantamiento del desafuero, el *lopezobradorismo* abandonó su fase de resistencia civil, y su tercer momento apareció cuando se convirtió, hasta el 2 de julio del 2006, en un movimiento electoral. El fraude electoral de ese día, que es la culminación de la llamada guerra sucia mediática, disolvió el movimiento electoral y dio paso nuevamente a la resistencia civil ya en el contexto de una crisis poselectoral. La manifestación de este cuarto momento, empezó con la concentración de medio millón de personas en el zócalo el 8 de julio en la cual se levantó la demanda del recuento electoral ("Voto por voto, casilla por casilla") (Becerril y Garduño, 2006), continuó con los plantones en las sedes de los 300 distritos electorales en todo el país, las multitudinarias concentraciones en el Zócalo, llamadas asambleas informativas; la del 16 de julio con más de un millón de asistentes (Becerril y Méndez, 2006) y la del 30 de julio que fue, hasta el momento de escribir estas líneas, el momento climático de la resistencia civil, con una asistencia de aproximadamente dos millones de personas (Méndez y Becerril, 2006a). Fue ese día que se declaró el plantón que cerró las calles de Madero, Juárez, Avenida de la Reforma, dividiendo prácticamente en dos a la ciudad de México. El cierre de tales calles y avenidas, originó malestar en amplios sectores de la población capitalina e indudablemente tuvo un costo político. Para adentro del movimiento, el plantón tuvo la virtud de canalizar la indignación, evidenciar que López Obrador no seguiría la ruta desmovilizadora de Cuauhtémoc Cárdenas en ocasión del fraude de 1988. La movilización de resistencia al fraude electoral se plasmó en la llamada Asamblea Permanente iniciada el 7 de agosto (Méndez y Becerril, 2006b), continuó con la concentración del 13 de agosto (Becerril, 8/2006) y culminaría con la gran concentración del 16 de septiembre, cuando el plantón se levantó y se declaró "presidente legítimo" a López Obrador (Becerril *et al.*, 2006). A partir de ese momento, el conflicto poselectoral empezó a menguar, la resistencia civil entró en la fase que se está viviendo en el momento en que se escribe este trabajo. Los momentos centrales de la CND han sido su creación en la primera asamblea del 16 de septiembre, la toma de posesión de López Obrador el 20 de noviembre de 2006 y la segunda Asamblea de la CND, el 25 de marzo de 2007.

Si la resistencia civil ha tenido cinco momentos o fases en su desarrollo desde 2003, la ofensiva de las derechas neoliberal y clerical tuvo su séptimo y último momento –en el período que estamos analizando–, en el marco de la crisis post electoral. Estuvo constituido por la actuación parcial y equívoca del Instituto Federal Electoral, la negativa del Tribunal Electoral del Poder Judicial de la Federación a hacer el recuento de los votos para despejar dudas con respecto a un posible fraude, la campaña de los medios de comunicación magnificando los errores y reveses de López Obrador, así como forjando una imagen de él y del movimiento político y social que encabeza, como propiciador de la anarquía y la confrontación ("los violentos"). Villamil y Scherer (2007) han visualizado a la "guerra sucia" como un embate con dos frentes: el mediático y el judicial. El primero fue encabezado por TV Azteca y Televisa, el segundo por el Instituto Federal Electoral y el Tribunal Electoral del Poder Judicial de la Federación.

Lo que se vivió en México en 2006, fue una creciente polarización política que se complementó con la polarización social que ha ocasionado la implantación del neoliberalismo en el último cuarto de siglo. Este hecho no es exclusivo de México, ni es tampoco novedoso. Analistas latinoamericanos empiezan a observar el fenómeno de la polarización en diversos lugares de la región (Zibechi, 2006). Y en esa polarización, inevitablemente entra un componente de clase. Siendo el *lopezobradorismo* como resistencia civil o como Convención Nacional Democrática, un movimiento pluriclasista y heterogéneo ideológicamente, ha contado con la fuerte animadversión de las derechas neoliberal y clerical que tienen sus núcleos duros en los más grandes empresarios del país. La derecha, ese conjunto de intereses que están expresados en los grandes capitales, las cámaras empresariales que los representan, los grandes medios de comunicación, al poder ejecutivo, un sector del PRI y al Partido Acción Nacional, tiene reservas hegemónicas en el poder del Estado, el poder del dinero, el poder mediático, también en el conservadurismo que la iglesia católica refuerza. Por ello mismo, la derecha tiene detrás de sí, no solo a los que desde el *lopezobradorismo* se han llamado "los dueños del poder y del dinero".

El que la derecha haya logrado también unir detrás de sí a un amplio abanico social, el que el *lopezobradorismo* tenga un componente pluriclasista, no debe hacernos olvidar que en el enfrentamiento de estas dos fuerzas, está presente la defensa de una manera de acumulación capitalista o la lucha contra esa manera, la más despiadada que hemos observado desde el siglo XX.

III.
Crisis de legitimidad y "gobierno legítimo"

El 16 de septiembre de 2006, en una enorme concentración en el zócalo capitalino, se declaró constituida la Convención Nacional Democrática, se aprobó el programa de ésta y se decidió que López Obrador no sería el "coordinador de la resistencia civil" sino el "presidente legítimo" de México. La principal razón que allí se esgrimió, fue que el cargo de presidente legítimo, que implicaba la constitución de un "gobierno legítimo", se asentaba en el desconocimiento del gobierno encabezado por Felipe Calderón. Debido a que Calderón ocupaba la presidencia de la república como consecuencia de un fraude, su origen era ilegítimo. Por ello a Calderón se le califica desde la CND, como "presidente espurio" en contraposición al "presidente legítimo". En la perspectiva de la oposición de izquierda, el "presidente espurio" podrá ser legal pero no "legítimo". Un análisis recientemente publicado argumenta que ni siquiera es legal, porque el Tribunal Electoral Federal dio por terminada la controversia judicial con un dictamen y no con una sentencia (Villamil y Scherer, 2007: 135-213).

Independientemente de los argumentos jurídicos, el hecho cierto es que a la crisis de hegemonía que desde hace años sufre el neoliberalismo en México, se le puede agregar ahora la crisis de legitimidad que sufre el gobierno de Felipe Calderón. El *lopezobradorismo* puede tener razón o no en la aseveración de que hubo fraude electoral. Pero en la medida en que ejerce influencia sobre un sector muy importante de la población, su acusación le resta legitimidad al "gobierno legal". A esto hay que agregar a otro sector de la población, también muy importante, que no simpatiza con este movimiento y su líder, pero que está convencido de que hubo fraude el 2 de julio de 2006. Se vive pues, la suma de una crisis hegemónica de carácter estructural y una crisis de legitimidad de carácter coyuntural.

Las dimensiones de esta crisis han sido tan notables, que Lucio Oliver se ha preguntado si en México la "doble presidencia" entraña un "doble poder". Su respuesta a esta interrogantes es negativa, porque los proyectos contrapuestos no tienen "intereses históricos absolutamente distintos": ambos asumen el capitalismo como un orden social adecuado (Oliver, 2007: pp. 88, 89). Esto último es cierto, pero el que el *lopezobradorismo* se empiece a perfilar como lo asevera el propio Oliver, en un "poder alternativo institucional en germen", lo convierte en un poder desigualmente enfrentado al hegemónico que va más allá de un hecho simbólico.

Esta correlación de fuerzas es lo que ha permitido que el "gobierno legítimo" sea algo más que un hecho simbólico, que López Obrador haya asumido el 20 de noviembre de 2006 la "presidencia legítima" y que haya constituido un gabinete que consta de 12 secretarías asumidas por seis mujeres y seis hombres. Relaciones políticas, Internacionales, Seguridad Publica, Hacienda, Desarrollo Económico y Ecología, Estado de Bienestar, Educación, Ciencia y Cultura, Patrimonio Nacional, Trabajo, Salud, Asentamientos Humanos y Vivienda, Honestidad y Austeridad Republicana son las 12 instancias de gobierno en la que el gobierno alternativo encabezado por López Obrador ha dividido sus funciones.[10]

El gobierno encabezado por Felipe Calderón ha negado la crisis de legitimidad. La ha minimizado como la reacción de un sector que no se ha resignado a la derrota. Y ésta es la imagen que difunden los grandes medios de comunicación y la mayoría de los diarios impresos. Pero lo que ha hecho Calderón desde el 1 de diciembre cuando fue investido como presidente en el Congreso de la República, ha sido precisamente el luchar incansablemente por recuperar la legitimidad y convertir al "gobierno legítimo" en un mero hecho simbólico. Tiene todo el poder del Estado para lograr su objetivo. Pero también tiene en contra el que ya no podrá hacer de las promesas neoliberales, un factor decisivo en la lucha por resolver la crisis de legitimidad.

---

10. Véase <http://www.gobiernolegitimo.org.mx/secretarias/>.

En 1988, Carlos Salinas de Gortari pudo remontar la crisis de legitimidad que le provocaba el fraude electoral, porque no había todavía la crisis hegemónica que hoy enfrenta el establecimiento mexicano.

Por eso las promesas de resarcimiento a los pobres han abundado, pero las baterías principales parecen estar enfiladas en otra dirección. En una estrategia muy parecida a la de Álvaro Uribe en Colombia, y de la cual espera tener similar éxito, Calderón ha hecho de la lucha contra el crimen y por la seguridad ciudadana una bandera mediante la cual busca consolidar a su gobierno. Desde diciembre de 2006, Calderón sacó entre 60 y 70 mil militares de sus cuarteles y una cantidad similar de agentes federales en lo que se ha planteado como una lucha a muerte contra el narcotráfico (Ravelo, 2007: 23). En Colombia el enemigo a vencer es la guerrilla revolucionaria, en México el narcotráfico, pero en ambos países es la misma estrategia legitimadora sustentada en la solución militar.

La ofensiva militar y la decisión de extraditar a los principales capos del narcotráfico que han sido capturados, ha tenido ya respuesta en un crecimiento de la violencia que ha sido consignada páginas atrás. Ésta ya se escenifica no solamente en las ciudades del norte del país sino también en las del sur, antaño libres de este flagelo. A las ejecuciones y secuestros que se hacen entre sí los distintos cárteles en competencia, principalmente el de Sinaloa y el del Golfo, hay que agregar un crecimiento inusitado del asesinato de jefes policiacos en diversos estados del país. En un país en el que las fronteras entre el Estado y el narcotráfico son difusas, la guerra al narcotráfico puede ser convertida en el golpeteo a unos carteles en favor de otros. Acaso sea ésta la explicación de por qué se dice que no es la lucha entre *narcos* y policías, sino entre los distintos cárteles entre sí, lo que explica las muertes de los jefes policiacos (Ravelo, 2007: 12, 23-27).

La hegemonía alternativa incipiente que se ha cristalizado en el "gobierno legítimo" también se ha institucionalizado en la alianza de los partidos antaño integrantes de la CPBT, ahora unidos en el Frente Amplio Progresista (FAP). Éste ha tenido existencia sobre todo en el poder legislativo. En los distintos procesos electorales que se han observado con posterioridad al 2 de julio, la alianza ha sido precaria o virtualmente inexistente. Esto sucede porque cada uno de los partidos integrantes del FAP es una compleja articulación de grupos de interés a nivel nacional y regional. Los cálculos que muchas veces estos grupos hacen, se sustentan en el interés grupal y no en función del *Proyecto Alternativo de Nación*, tal como de manera general se le ha denominado al planteamiento programático que se ha ido gestando desde 2004 (López Obrador, 2004).

En la base de todo el movimiento *lopezobradorista*, está la CND que se define de manera sintética diciendo que la CND "somos todos". Es en esta instancia donde radica la plena soberanía del movimiento, puesto que está constituida por los partidos, sus diversas corrientes, organizaciones políticas sin registro, organizaciones sociales, ciudadanos en lo individual y las redes ciudadanas que se formaron en el transcurso de la lucha contra las ofensivas de la derecha en contra de López Obrador y de la campaña electoral. A diferencia del movimiento zapatista que ha hecho de la *negación* su principal labor y lo demás lo ha sustituido con la frase de "preguntando andamos", el *lopezobradorismo* ha hecho de la *negación* un momento del movimiento que se expresaría en la actividad de las tres instancias ("gobierno legítimo", FAP y CND). La *negación* es la oposición a las medidas de carácter neoliberal que el gobierno de Calderón ha estado tomando: la reforma a la ley de pensiones de los trabajadores del estado, la propuesta de reforma fiscal, la militarización de la lucha contra el narcotráfico, la ley de comunicación (llamada *Ley Televisa* por los privilegios que otorga al duopolio televisivo).[11] A la *negación*, se ha buscado agregarle la *proposición* sobre todo en la labor del "gobierno legítimo". A mediados de 2007, éste había presentado al FAP y a la sociedad en su conjunto una iniciativa de reforma fiscal, una propuesta sobre cuidado de la economía nacional y defensa de la economía popular frente a la carestía, líneas generales del presupuesto para 2007 y una iniciativa de ley sobre precios competitivos para enfrentar precios exagerados en el mercado. Si se consulta la página web del "gobierno legítimo" se podrá constatar que las secretarías del mismo, han tenido iniciativas (algunas enunciadas otras elaboradas), en relación a la educación y a la infraestructura educativa, la reforma a la ley del Instituto de Seguridad y Servicios Sociales de los Trabajadores del Estado (ISSTE), la defensa de la vivienda, la política habitacional del gobierno, el programa para adultos mayores, salario, trabajo informal, autonomía y democracia sindical, reforma energética, reforma fiscal, amparo contra la reforma de la ley de

11. En junio de 2007, la Suprema Corte de Justicia declaró inconstitucional a partes medulares de la *Ley Televisa*.

pensiones de los trabajadores del estado, políticas de población y protección civil.[12]

Todas estas iniciativas y perspectivas que está asumiendo el "gobierno legítimo" forman parte de un proceso de elaboración programática que arranca desde 2004. En una concentración realizada el 29 de agosto de 2004 en el Zócalo ante medio millón de personas, López Obrador presentó en 20 puntos lo que fue llamado el *Proyecto Alternativo de Nación*. Un apretado resumen de los mismos los sintetizaría así: la importancia de recuperar lo mejor de nuestra experiencia histórica (Morelos, Juárez, Cárdenas); aprovechar la globalización en lugar de padecerla; utilizar los recursos energéticos para la industrialización; reactivar la economía a través del sector de la construcción; fortalecer el sistema de seguridad social; aplicar en todo el país la pensión para personas de la tercera edad; rescatar el campo; hacer cumplir los acuerdos San Andrés con los zapatistas –incumplidos por los gobiernos de Zedillo y Fox–, reconociendo el derecho de la autonomía indígena; atender el problema de la inseguridad pública desde su origen y destinar más recursos a la cultura (Romero, 2004).

A partir de la edición en octubre de 2004 de un libro en el cual desarrollaba los 20 puntos del *Proyecto Alternativo de Nación*, López Obrador se dio a la tarea de hacer recorridos por distintos puntos del país para divulgarlos. A mediados de julio de 2005, los 20 puntos se desglosaron en los *50 compromisos para recuperar el orgullo nacional* que constituían un esbozo general

12. Véase la sección Acciones de Gobierno en la página web del gobierno legítimo <http: //www.gobiernolegitimo.org.mx/>.

del programa de gobierno que ofrecería al electorado en 2006. En el planteamiento que encabezaba López Obrador no había definiciones anticapitalistas y su sesgo fue de centro izquierda. En cambio si hubo un planteamiento preciso de medidas que sustentaban un viraje aun cuando el mismo habría que acotarlo: eran los primeros pasos de un planteamiento que se avizoraba como antineoliberal en sus propósitos, pero no significaba una ruptura plena con el neoliberalismo. Simple y sencillamente porque en el contexto mundial actual, esto no podía hacerse accediendo al gobierno del estado en un solo país. El primero de los 50 compromisos reiteraba la necesidad del cumplimiento de la deuda histórica con los pueblos indígenas y con los acuerdos de San Andrés Larráinzar. El programa de gobierno esbozado por López Obrador también coincidía con los zapatistas en la recuperación de lo mejor de la historia de México dándole así al pasado una vocación de futuro.

Planteaba buscar alternativas al modelo de desarrollo neoliberal, se oponía tajantemente a la privatización de la industria petrolera y energética, perseguía el fortalecimiento de la industria de la construcción a efecto de crear un efecto multiplicador en 37 ramas de la producción, aumentaba al doble de la inversión pública durante el primer año de gobierno y con ello se esperaba la generación de empleos. Se pretendía rescatar al campo de su abandono y buscar un acuerdo con Estados Unidos y Canadá para que evitara la libre importación en 2008, en el marco del TLC, de maíz y frijol cuyos efectos serían desastrosos para 3 millones de familias campesinas (López Obrador, 2004; 2005). Se promulgaría a rango nacional la ley de pensión alimentaria para adultos mayores, inversión en un programa nacional de apoyo a los 1,135 municipios más pobres que beneficiaría a 18 millones de personas, educación pública gratuita y fundación de 200 preparatorias y 30 universidades públicas en todo el país. También se pretendía una reforma laboral que iría en un sentido inverso a la que buscan el PRI y el PAN cuya meta es la llamada flexibilización laboral que debilita a sindicatos y contratos colectivos. Ahorro de hasta 35 mil millones de pesos en el costo de la administración pública a través del programa de austeridad republicana, así como la lucha por la recuperación de los 130 mil millones de pesos que pierde el estado a través de la corrupción. Los propósitos de un eventual gobierno de López Obrador incluían también un proceso de investigación que cortara la corrupción observada en el Fondo de Protección del Ahorro Bancario (FOBAPROA) el cual ha costado a la nación desde 1995 más de 300 mil millones de pesos solamente concepto de pago de intereses. En materia fiscal el nuevo gobierno buscaría en una primera etapa combatir la evasión fiscal y los privilegios que en esa materia tienen los más poderosos, así como simplificar la recaudación. Y en lo que se refiere a la seguridad pública, el énfasis se pondría en las causas que generan a la delincuencia (desempleo, pobreza, desintegración familiar, pérdida de valores y la ausencia de alternativas), la prevención a través de la elevación de la calidad de vida de la población y la creación de oportunidades (López Obrador 2004; 2005).

En síntesis se buscaba la austeridad republicana, el combate a la corrupción, el desarrollo del mercado interno sustentado en una elevación del nivel de vida y empleo, la reactivación del crecimiento económico del PIB a través del fomento a la actividad industrial, comercial y turística, una política de justicia social que priorizaría las necesidades de los pobres, una política exterior independiente sustentada en la no intervención, autodeterminación y solución pacífica de los conflictos. Y todo esto sustentado en la idea de la democracia participativa.

Después de las elecciones del 2 de julio, ya se ha dicho, el movimiento encabezado por la Coalición Por el Bien de Todos sufrió transformaciones. La CPBT se transformó en la CND y la lucha electoral devino resistencia civil en contra del fraude. Se aceptó la idea de iniciar una lucha que se ha denominado "proceso constituyente", el cual implicaría la adopción de una nueva constitución. En la Convención Nacional Democrática inaugurada el 16 de septiembre de 2006, además de desconocer a Calderón como presidente y acordar la instauración del "gobierno legítimo" se aprobó el Programa Básico aprobado por la CND el 16 de septiembre de 2006 en esa asamblea a la que asistieron más de un millón de personas (CND, 2006).

Este programa plantea *el combate a la pobreza y la desigualdad* que se apoya en la lucha por los derechos sociales, económicos, culturales y políticos de todos los mexicanos, particularmente los de los pueblos indios, mujeres, personas con capacidades diferentes y de la tercera edad. Los ciudadanos que votan son visualizados ahora no solamente como votantes, sino como personas con derechos generales y específicos que implican una noción más integral de ciudadanía. El *demos* en abstracto empieza a convertirse en el discurso, en la realidad siempre fue así, en una gama diversa de *sujetos sociales*. Con el segundo planteamiento del programa básico, *la defensa del patrimonio de la nación*, la diversidad social se aglutina ahora como *nación* que defiende sus recursos (petróleo, gas, electricidad, agua, bosques), sus conquistas (educación pública, salud y seguridad social) y su soberanía e independencia. Con la tercera demanda *el derecho público a la información*, sujetos, demos y nación se plantean la lucha contra una de las dictaduras que agobian a las democracias liberales en el capitalismo, la dictadura informática. Con esta demanda se busca que los medios de comunicación, públicos y privados, garanticen espacios a todas las expresiones sociales, culturales y políticas lo cual contribuiría a la democratización del país.

El cuarto planteamiento, *el rechazo al Estado patrimonialista*, implica una lucha parcial contra la otra dictadura que desvirtúa a la democracia liberal, la dictadura del capital. Ciertamente el programa de la CND no es anticapitalista, pero se plantea una medida que molesta enormemente al gran capital: busca erradicar el control del gobierno del Estado por este gran capital. Este control, ha implicado corrupción e impunidad. *El rechazo al Estado patrimonialista* implica transparentar el FOBAPROA,[13] es decir que los ciudadanos puedan saber si hubo fraude o no en las declaratorias de quiebra que se hicieron con motivo de la crisis de fines de 1994. Se sabe que grandes empresarios obtuvieron por la vía del rescate bancario cuantiosas sumas de dinero que no necesitaban recibir. En este cuarto punto, que se había planteado en el transcurso de la campaña electoral, se encuentra una de las razones profundas del encono de la derecha y el gran capital contra la candidatura de López Obrador.

13. Ahora llamado Instituto de Protección al Ahorro Bancario (IPAB).

Finalmente el quinto punto del Programa Básico de la CND se plantea *luchar por la renovación profunda de las instituciones*. El planteamiento fue hecho por primera vez el 1 de septiembre de 2006 cuando en un mitin dijo "¡Al diablo con sus instituciones!". Esta aseveración fue reproducida y tergiversada por los grandes medios de comunicación y por los voceros de la derecha del país: la afirmación demostraba una vez más que López Obrador era un hombre que no creía en las instituciones, que estaba presto a destruirlas, que era un entusiasta de la anarquía. Ayer el líder de la CPBT era un peligro para México por su populismo y autoritarismo, hoy lo era más aun por su carácter sedicioso y anarquista.

En realidad diversos analistas de la realidad nacional han expresado el deterioro institucional que se ha observado en México. Así el ex consejero presidente del Instituto Federal Electoral (IFE) ha escrito "Lo más triste del conflicto poselectoral es la erosión de un patrimonio que compartíamos (casi) todos: La confianza en la vía y en las instituciones electorales; la presunción de que habíamos alcanzado mínimo acuerdo en un mecanismo eficiente para regular la lucha entre partidos programas y candidatos" (Woldemberg, 2006). Otro analista, Mauricio Merino ha escrito: "Sospecho que no estamos ante una crisis política, ni mucho menos ante los desarreglos habituales de final de sexenio, sino ante la evidencia palmaria del deterioro de nuestras instituciones" (Merino, 2006). Finalmente, Sergio Aguayo, un prestigiado académico vinculado a la defensa de los derechos humanos, contrastó a un paradigma de la política corrupta, arbitraria y violenta –el cacique Gonzalo N. Santos–, con un símbolo de la ética en la vida pública, Salvador Nava. Su conclusión fue "Ganó Gonzalo" (Aguayo, 2006).

Lo que sucede es que la fortaleza institucional radica esencialmente en la legitimidad. En un contexto de creciente protesta y polarización, esta legitimidad ha erosionado a la Presidencia de la República, la Procuraduría General de la República, la Suprema Corte de Justicia, a las cámaras de senadores y diputados, al sistema de partidos políticos, y en el contexto de amplias sospechas de fraude electoral al IFE y al Tribunal Electoral del Poder Judicial de la Federación. Si esto lo unimos al deterioro de las corporaciones policiacas y del resto del aparato de justicia, la situación institucional en México difícilmente puede calificarse de buena. Es en este contexto que hay que entender la frase "¡Al diablo con sus instituciones!". El FAP y la CND se han planteado la realización de un plebiscito para impulsar un proceso constituyente con el propósito de una renovación institucional profunda.

El domingo 25 de marzo de 2007 se realizó la Segunda Asamblea de la Convención Nacional Democrática, en el zócalo capitalino. Pese a las expectativas de la derecha de que el movimiento *lopezobradorista* reflejara cansancio, los medios consignaron que la capacidad de convocatoria de López Obrador se mantenía y el zócalo volvió a colmarse (Pérez y Herrera, 2007). La Asamblea estuvo precedida de un encuentro que comenzó el 21 de marzo y que estuvo sustentado en 6 foros realizados en 6 ciudades, 20 foros estatales y la presentación de 800 ponencias sobre los distintos temas que fueron sintetizados en resolutivos tales como la defensa del patrimonio nacional, la defensa de la educación pública, abrogación de la ley Televisa, desarrollo de la democracia participativa, rechazo a la reforma de la ley del Instituto de Seguridad y Servicios Sociales de los Trabajadores del Estado (ISSSTE), defensa de la seguridad social, defensa del campo y renegociación del capítulo agropecuario del TLC. La Asamblea también aprobó la creación de un órgano operativo a nivel nacional y la creación de comisiones municipales de la CND en los 2,455 municipios de la república así como la creación de comisiones estatales en los 32 estados. También se aprobaron dos acuerdos fundamentales: luchar incansablemente contra las políticas neoliberales y el respaldar las acciones para defender el patrimonio nacional energético, el maíz y la soberanía nacional.

En síntesis, desde los 20 puntos del Proyecto Alternativo de Nación hasta las resoluciones de la Segunda Asamblea de la CND en marzo de 2007, los ejes programáticos han sido los mismos: recuperación de la historia para un proyecto nacional, soberanía política e independencia económica, justicia social, reactivación económica y recuperación del campo, diversidad cultural, democracia participativa, austeridad administrativa, lucha contra la corrupción y la visión patrimonialista del Estado, transparencia.

IV.
Palabras finales

La crítica que desde la izquierda se hace a López Obrador, al "gobierno legítimo", al FAP y a la CND, es que su programa no implica una "superación del capitalismo". Se arguye que tanto López Obrador, como el programa y sus seguidores estarían en los linderos de la reforma del capitalismo para hacerlo menos salvaje. A la crítica hay que responder con una pregunta ¿es posible algo más en el México actual?

Oliver la ha respondido: el nivel de desarrollo político y apreciación ideológica de los trabajadores, los pobres, los desempleados y los marginados en México no les permite considerar "como un crimen social la producción capitalista y el dominio del capital" (Oliver, 2007: 86). Pero siendo reformista el programa y acción del *lopezobradorismo*, cabe preguntarse por los motivos del encono del gran capital local y extranjero y de la derecha contra dicho movimiento. La respuesta puede ser sencilla. Aunque fuera reformista tal movimiento, su programa contiene medidas que afectan sustancialmente los intereses de los grandes capitales. En junio de 2007 se estimó que la suspensión de la *Ley Televisa* por la Suprema Corte de Justicia, implicó el que el duopolio televisivo no obtuviera ganancias que se estimaron en cientos, quizás miles de millones de dólares. El conflicto interno del neoliberalismo radica en que persiguiendo ser una concepción del mundo que construye hegemonía, sus políticas económicas están fincadas en la voracidad de los grandes capitales. Las clases dominantes armadas de la ideología neoliberal persiguieron ser dirigentes pero han terminado en serlo a medias o simplemente dominantes para usar la conocida distinción hecha por Gramsci.

Por todo lo anterior, los grupos económicos que se articulan en torno a Telmex, Telcel (teléfonos), Televisa, TV Azteca, Cemex (cemento), Bimbo (pan), Maseca (tortillas y maíz), grupo Modelo (cerveza) y capitales transnacionales como City Bank, America Movil, Walmart, Coca Cola, que pagan entre 1.7% y 8.9% de impuesto sobre la renta, mientras las clases medias lo hacen entre un 15 y 28% (Pérez y Cárdenas, 2007), tienen motivos de sobra para ver como a un enemigo a López Obrador y a sus seguidores. Pero hay otro motivo más allá del ámbito directamente económico. López Obrador y el "gobierno legítimo" han expresado que el gobierno de la república ha sido convertido en "un comité al servicio de una minoría". Un eventual gobierno encabezado por López Obrador frenaría el uso patrimonialista del Estado y con ello afectaría notablemente los intereses de los grandes capitales. Algún medio de comunicación aprovechó los señalamientos del uso patrimonialista del Estado para equiparar a López Obrador con Marx y Engels en *El Manifiesto Comunista*, cuando dijeron que el Estado era la junta que administraba los negocios de la burguesía. Por supuesto que este no es el sentido del planteamiento de la CND. Ésta no busca erradicar a los capitalistas *en su conjunto* del gobierno del Estado, sino busca erradicar el control del gobierno del Estado por la parte más poderosa del capital. La diferencia de perspectiva es la diferencia entre el marxismo y el liberalismo: lo que se busca es que el Estado sea en efecto encarnación de lo *público* y no agente obsecuente de lo *privado*. El uso patrimonialista del estado no beneficia solamente a los grandes capitales, sino a las cúpulas políticas del partido oficial y de otros partidos. El planteamiento de la *austeridad republicana*, de la lucha contra la corrupción y el patrimonialismo afecta los intereses de una buena parte de la clase política.

Más allá de las motivaciones políticas y propiamente económicas, el *lopezobradorismo* resulta irritante para la derecha mexicana. Aunque en ese movimiento persisten los atavismos autoritarios y verticalistas propios de la cultura política que construyó el *priato*, la conmoción política que se ha desatado en México desde 2003 ha propiciado la participación de personas y sectores sociales que antes habían sido inactivos en la política.

Redes ciudadanas, marchas, concentraciones, festivales, protestas pacíficas, toda la gama de formas de lucha que han constituido a la resistencia civil, han significado un cambio en la vida y politización de millones de participantes. El "gobierno legítimo" está constituido por todos los que se credencializan como sus representantes. Esto evidencia una concepción de la política desde abajo. A mediados de 2007, el "gobierno legítimo" ya tenía un millón de representantes y se perseguía que en 2009 (año de elecciones legislativas), tal cifra alcanzara los 5 millones. Se esperaba llegar al 2012 (año de elecciones presidenciales) a 15 millones de representantes. A la *negación* y a la *proposición*, se une entonces la *participación* como ejes de la actividad política. Hay una radical diferencia de la visión de democracia procedimental que tiene la derecha, con la de la democracia participativa que desde el *lopezobradorismo* se reivindica. Una agitación desde abajo tiene motivos de sobra para ser mal vista desde arriba. Este auspicio de la participación y las políticas sociales, han dado pie para que desde una visión conservadora, López Obrador y el movimiento hayan sido calificados de "populistas" (Por ejemplo véase Cansino y Covarrubias, 2006: 95-106).

Ya se ha dicho que la derecha por un lado y la izquierda que sigue a López Obrador por otro, son hechos políticos cada uno de ellos, con participación de múltiples sectores sociales. Pero no cabe duda que los programas políticos que cada uno de los lados tiene y la forma en que se concibe la participación, reflejan intereses de clase distintos. El neoliberalismo ha beneficiado sobre todo a una minoría del país, la más opulenta. Ha afectado a una gran mayoría, constituida por estratos sociales de diferentes ingresos, los más de ellos ubicados en la escala más baja de la pirámide social. Si nunca se pudo reducir la lucha de clases a la confrontación entre burguesía y proletariado, hoy se puede hacer con menos razones. Sin embargo, en la confrontación social que ha provocado el neoliberalismo, los grandes capitales y la derecha en general no se han equivocado en el lado en que se ubican y en la definición del enemigo que tienen enfrente.

El "gobierno legítimo" ha dado al movimiento *lopezobradorista* una naciente institucionalidad alternativa en los términos de la *negación* y la *proposición*. La CND también ha institucionalizado un vasto movimiento, y se ha convertido en el depositario de su soberanía en el imaginario de los millones de personas que se sienten integrantes del movimiento. Es el espacio idóneo para la *participación*. He aquí las bondades de toda esta institucionalización. Pero el "gobierno legítimo" enfrenta valladares y avatares que no es posible ignorar. En la batalla por la legitimidad el gobierno de Calderón tiene formidables recursos. En primer lugar los materiales de los que dispone el Estado, a partir de los cuales puede diseñar políticas públicas que inscriban en un programa reaccionario los agravios populares. En segundo lugar, cuenta en su favor con la dictadura mediática que cotidianamente labra imágenes positivas y negativas, que construye visibilidades e invisibilidades.

Hoy la disyuntiva que tiene la fuerza social y política que encarna el "gobierno legítimo", es la de seguir creciendo como fuerza contrahegemónica hasta constituir realmente una dualidad de poderes en México o bien perder el capital político que ganó entre 2003 y 2006 y convertir al "gobierno legítimo" en un hecho simbólico. El abultado porcentaje de votos obtenidos en las elecciones de 2006 (35% según cifras oficiales), fue expresión de un hecho estructural cual es la crisis de hegemonía neoliberal. Pero indudablemente fue también, un hecho coyuntural determinado por el creciente carisma de un líder, que además fue victimizado por una estrategia equivocada de la derecha. López Obrador dio una conferencia de prensa diariamente, durante todo el tiempo que fue el Jefe de gobierno de la ciudad de México. El embate derechista lo colocó hasta finales de 2006 en el ojo del huracán y por lo tanto en la visibilidad mediática. Ahora cuenta con la crisis de legitimidad del gobierno de Calderón que se une a los límites que ha mostrado el neoliberalismo. En el imaginario popular mexicano se expresa que así como hubo un 1810 que inició la guerra de independencia, un 1910 que inició la revolución mexicana, acaso en 2010 se inicie un proceso de redención social. Sabido es que los ciclos sociales no tienen regularidad matemática.

Lo que podemos vislumbrar hasta hoy es que el ciclo de luchas abiertas en la primera década del siglo XX, todavía no tiene victoriosos ni derrotados. Esto es lo que acaso se defina en los próximos años.

Bibliografía

Aguayo Quezada, Sergio

2006 "Ganó Gonzalo". Semanario *Noticias. Voz e imagen de Puebla*, Puebla, 23 de octubre de 2006.

Arteaga, José Manuel

2007 "Crece economía 2.6% en el primer trimestre". *El Universal*, Ciudad de México, jueves 17 de mayo.

Avilés, Jaime

2004 "El zócalo se lleno tres veces en la mayor manifestación política de la historia". *La Jornada*, lunes 29 de agosto.

2006 "'Vamos a hacer historia', promete López Obrador", *La Jornada*, México D. F., jueves 29 de junio.

Babb, Sara

2001 *Managing Mexico. Economists from nationalism to neoliberalism*. Princeton University Press.

Becerril, Andrea

2006 "Se extiende a septiembre la movilización ciudadana", *La Jornada*, lunes 14 de agosto.

Becerril, Andrea y Roberto Garduño

2006 "Convoca AMLO a marcha nacional por la democracia", *La Jornada*, México D. F. Domingo 9 de julio.

Becerril, Andrea y Enrique Méndez

2006 "Hay un millón y medio de votos sin sustento dice López Obrador", *La Jornada*, México D. F. Lunes 17 de julio.

Becerril, Andrea, Georgina Saldierna, Roberto Garduño y Enrique Méndez

2006 "AMLO 'Presidente legítimo': toma posesión el 20 de noviembre". *La Jornada*, México D. F. 17 de septiembre.

Borón, Atilio A.

2007 "Néstor Kirchner y las desventuras del 'centro-izquierda' en la Argentina". Manuscrito inédito de próxima publicación en la *Revista Casa de las Américas*, de Cuba.

Cansinos, César e Israel Covarrubias
2006 *En el Nombre del pueblo. Muerte y resurrección del Populismo en México*. Universidad Autónoma de Ciudad Juárez, Chihuahua.

Cárdenas, Heliodoro
2007 "Ordena AMLO a sus aliados rechazar reforma fiscal". *Milenio.com*, México D. F. Lunes 25 de junio. <http://www.milenio.com/index.php/2007/06/24/84481/>.

Castillo, Miriam
2007 "Más del 70% de los jóvenes no tienen trabajo fijo ni prestaciones", *La Crónica*, México D. F. 2 de mayo.

Castellanos, Antonio y Roberto González Amador
2007 "Combatir privilegios, eje de la reforma: Carstens". *La Jornada*, México D. F. 21 de junio.

CEPAL
2007 *Análisis del impacto social y económico de la desnutrición infantil en América Latina. Resultados del Estudio en Centroamérica y República Dominicana*. División de Desarrollo Social de la CEPAL, Santiago de Chile, junio.

Convención Nacional Democrática (CND)
2006 *Las resoluciones que vamos a votar hoy*. México D. F. 16 de septiembre.

Córdova, Arnaldo
1973 *La ideología de la revolución mexicana*. Editorial Era, México D. F.

Eagleton, Terry
1997 *Ideología*. Paidós, Buenos Aires.

EZLN
2005 *Sexta Declaración de la Selva Lacandona*. México, junio

de 2005. <http://enlacezapatista.ezln.org.mx/especiales/2/>.

El Imparcial

2007 "Combaten policías y sicarios: 20 muertos". *El Imparcial*, <http: //www.elimparcial.com/EdicionEnLinea/Notas/Noticias/16052007/239169.aspx>. Hermosillo, Sonora, 16 de mayo.

Es Mas

2007 "Subió el desempleo al 4% en el primer trimestre de 2004". <http: //www.esmas.com/noticierostelevisa/mexico/627416.html>, México D. F. 16 de mayo.

Figueroa Ibarra, Carlos

2005a "Los caminos de la resistencia antineoliberal". Revista *Bajo el Volcán* No. 10, Año 6, Puebla. Posgrado de Sociología, Instituto de Ciencias Sociales y Humanidades de la Benemérita Universidad Autónoma de Puebla. (pp. 49-62).

2005b "Nuevos odres y viejos vinos: la violencia en América Latina en los albores del siglo XXI". En Teresa Castro Escudero y Lucio Oliver Costilla (coordinadores) *Poder y política en América Latina* Siglo XXI Editores y Universidad Nacional Autónoma de México, México D. F., 2005.

2005c "Violencia, neoliberalismo y protesta popular en América Latina". Revista electrónica social *Sociedad Civil y Movimientos Sociales*, Marzo. <http: //www.flacso.edu.gt7revista/scivil/sociedad.htm>.

2006 "La otra campaña en los tiempos de López Obrador". Revista *Atajo*, abril-mayo no. 27. Universidad Iberoamericana Puebla. Puebla, Puebla México.

2007 "Caminos distintos ¿destinos distintos?" Revista *Bajo el Volcán*, No. 11, Año 7, Puebla. Posgrado de Sociología, Instituto de Ciencias Sociales y Humanidades de la Benemérita Universidad Autónoma de Puebla.

2007 "Rebeldía y resistencia civil antineoliberal en el México de hoy". *América Latina*, Revista del Doctorado en Procesos Sociales y Políticos en América Latina. 2º semestre 2006-1er. semestre 2007, Universidad Arcis, Santiago de Chile.

Gómez Leyton, Juan Carlos
2007 "Izquierda, gobiernos y democracia en América Latina". *América Latina*, Revista del Doctorado en Procesos sociales y Políticos en América Latina. Universidad Arcis, 2°. semestre 2006-1er. semestre 2007.

González G., Susana
2004 "Saldo blanco en una movilización de más de un millón de personas", *La Jornada*, lunes 25 de abril.

Gramsci, Antonio
1975a *El materialismo histórico y la Filosofía de Benedetto Croce*. Juan Pablos Editor, México D. F.
1975b *Notas sobre Maquiavelo, sobre política y sobre el Estado moderno*. Juan Pablos Editores, México D. F.

Flores, Leonor
2007 "Se desacelera el envío de remesas; suman 5,360 mdd", Agencia EFE, México D. F. 30 de abril.

Juárez, Mauricio
2007 "Gravar informales, propósito de la reforma fiscal: Carstens". Milenio, México D. F. Sábado 28 de abril.

Kersffeld, Daniel
2006 "México y la actual coyuntura política: debilidades y fortalezas de la izquierda ante las elecciones presidenciales del 2 de julio de 2006". *Periferias*, Revista de Ciencias Sociales, Año 10, Número 13, Buenos Aires primer semestre.

La Jornada
2007 "Editorial: ¿Reforma o miscelánea?". *La Jornada*, México D. F. 21 de junio.

López Obrador, Andrés Manuel
2004 *Un proyecto alternativo de Nación*. Editorial Grijalbo, México D. F. 2004.

2005 *50 compromisos para recuperar el orgullo nacional.* <www.lopezobrador.org.mx>. México D. F.

Lastra, Jesús, Guadalupe López, Angeles Mariscal, Elio Henríquez, Antonio Heras, Luis A. Boffil

2004 "Concentraciones y marchas pacíficas en varios estados". *La Jornada*, México D. F. Lunes 25 de abril.

Madrid, Lemic

2007 "Michoacán: traficas o te vas". *Vanguardia* <http: //srv2.vanguardia.com.mx/hub.cfm/FuseAction.Detalle/Nota.627891/SecID.38/index.sal>.

Méndez, Enrique y Andrea Becerril

2006a "AMLO: se juega el destino del país; democracia o simulación", *La Jornada*, México D. F. Lunes 31 de julio.

2006b "Ni recuento parcial ni diezmo de democracia, dice López Obrador", *La Jornada*, México D. F. Lunes 7 de agosto.

Merino, Mauricio

2006 "La quiebra institucional" Diario *El Universal*, México D. F. 14 de octubre de 2006.

Milenio

2007a "Más de 30 millones de mexicanos no han concluido su primaria y secundaria". *Milenio.com*, jueves 24 de mayo.

2007b "7 de cada 10 nuevos empleos se hacen en la economía informal: OIT", *Milenio*, 19 de junio. <http: //www.milenio.com/index.php/2007/06/19/82508/>.

Moreira, Carlos

2007a "El nuevo mapa político en América Latina: ¿giro a la izquierda?". *América Latina*, Revista del Doctorado en Procesos sociales y Políticos en América Latina. Universidad Arcis, 2°. semestre-2006/1er. semestre 2007.

2007b "El gobierno del Frente Amplio en Uruguay y la (problemática) construcción del consenso (2005-2007)".

Revista *Bajo el Volcán* No. 12, Año 7, Puebla. Posgrado de Sociología, Instituto de Ciencias Sociales y Humanidades de la Benemérita Universidad Autónoma de Puebla.

Notimex
2007 "Ingresos tributarios en México, de los más bajos en el mundo". *Hechos TV*, México D. F. 26 de abril.

O'Donnell, Guillermo
1997 *Contrapuntos. Ensayos escogidos sobre autoritarismo y democratización*. Paidós, Buenos Aires.

Olivares Alonso, Emir
2007 "Laboran 12% de los menores sin obtener salario, revela investigación", *La Jornada*, México D. F. 30 de abril.

Oliver, Lucio
2007 "Coyuntura y poder en México hoy". Revista *Bajo el Volcán*, No. 11, Año 7, Puebla. Posgrado de Sociología, Instituto de Ciencias Sociales y Humanidades de la Benemérita Universidad Autónoma de Puebla.

Otero, Silvia
2007 "El aeropuerto en el D. F., clave en el narcotráfico", *El Universal*, Ciudad de México, miércoles 02 de mayo.

Pérez, Mauricio y Heliodoro Cárdenas
2007 "Mantiene AMLO su liderazgo". *Milenio*, lunes 26 de marzo.

Ramos Pérez, Jorge
2007 "Investigan a Muñoz Leos por 1,724 mdp". *El Universal*, Ciudad de México, martes 24 de abril.

Ravelo, Ricardo
2007 *Herencia maldita. El reto de Calderón y el nuevo mapa del narcotráfico*. Editorial Grijalbo, México D. F.

Raus, Diego
2007 "Los nuevos gobiernos de izquierda en América Lati-

na". *América Latina*, Revista del Doctorado en Procesos sociales y Políticos en América Latina. Universidad Arcis, 2°. semestre 2006-1er. semestre 2007.

Redacción El Universal.com.mx
2007 "Ejecuciones en México equivalen a un tercio de muertes en Irak desde 2003". *El Universal*, Ciudad de México, martes 05 de junio.

Romero Sánchez, Gabriela
2004 "López Obrador, por un pacto social verdadero", *La Jornada*, México D. F. Lunes 29 de agosto.

Romero, Gabriela y Susana González
2004 "¡No al desafuero!, clamor al final de la marcha de las 100 horas". *La Jornada*, México D. F.19 de julio.

Schumpeter, Joseph A.
1968 *Capitalismo, socialismo y democracia*. Ediciones Aguilar, España.

Solís, Juan Sebastián
2007 "Advierte Calderón que sólo con mayor gasto público se combatirá la pobreza extrema y anuncia que personalmente cabildeará la reforma hacendaria". *Noticieros Televisa*, <http: //www.esmas.com/noticierostelevisa/nacionalv700/636976.html>, México D. F. Junio 18.

Subcomandante Insurgente Marcos
2005 "La (im)posible geometría del poder". Agosto de 2005, <http: //www.ezln.org.mx/>.
2006 *Los zapatistas y la otra. Los peatones en la Historia*. <http: //enlacezapatista.ezln.org.mx/date/2006/09/>.

Villamil, Jenaro y Julio Scherer Ibarra
2007 *La guerra sucia de 2006. Los medios y los jueces*. Editorial Grijalbo, 2007.

Woldemberg, José
2006 "Lo más triste" Diario *Reforma*, México D. F. 17 de agosto de 2006.

Zibechi, Raúl
2006 "América Latina. La polarización inevitable". *Alai Amlatina*, 23/12/2006, Montevideo. Servicio Informativo "Alai-amlatina" Agencia Latinoamericana de Información (ALAI) <http: //alainet.org>.

Álvaro Colom, límites e incertidumbres de la socialdemocracia en el gobierno de Guatemala[1]

Introducción

El 4 de noviembre de 2007, Guatemala presenció un hecho insólito para lo que ha sido su historia. El candidato del partido Unión Nacional de la Esperanza (UNE), Álvaro Colom Caballeros, de filiación socialdemócrata, ganó la Presidencia de la República en una reñida segunda vuelta al contabilizar poco más de un millón y medio de votos (52.82% de los votos emitidos). Su contendiente, el general Otto Pérez Molina sumó casi un millón 250 mil sufragios (47.18%), lo que significó una diferencia de 5.64% y casi 200 mil votos (Inforpress, 2007b). Las dos Guatemalas enfrentadas durante la segunda mitad del siglo XX, lo estuvieron

1. La versión inicial de este trabajo fue presentada en el Segundo Coloquio Internacional de Ciencia Política "Gobiernos de izquierda en Iberoamérica en el siglo XXI", Xalapa, Veracruz, 20, 21, 22 de octubre de 2008.

El autor agradece los comentarios al borrador de este trabajo de Guillermo Paz Cárcamo, Carmen Reina Aragón, Arturo Taracena Arriola, Mario Polanco, Mario Alfonso Bravo, Iduvina Hernández y Carlos Sarti pero los exime de toda responsabilidad en los planteamientos que en el mismo se han vertido.

de alguna manera en los dos contendientes que llegaron a esa segunda ronda electoral. El general Pérez Molina fue un destacado militar contrainsurgente durante la etapa más cruenta del conflicto armado interno y su nombre ha estado asociado a violaciones a los derechos humanos, como el de todos los militares involucrados directamente en la contrainsurgencia. Por su parte, Colom (ingeniero industrial de profesión) es sobrino del que probablemente haya sido el líder político más notable en la segunda mitad del siglo XX, el socialdemócrata Manuel Colom Argueta, arteramente asesinado por el alto mando del ejército en 1979. Pero sus vínculos, aunque sean solamente de parentesco, con la Guatemala rebelde no terminan allí. Su hermana Yolanda, fue parte del Ejército Guerrillero de los Pobres (EGP), y es la viuda de uno de los comandantes guerrilleros más lúcidos y cultos, Mario Payeras Solares, conocido también como *Comandante Benedicto.*

Obviamente las relaciones de parentesco no definen mucho y la biografía de Colom no apunta mayores relaciones con la insurgencia, más allá del parentesco y una coyuntural alianza de carácter electoral. Sus críticos más acervos incluso le niegan su autoproclamada ideología socialdemócrata (Bravo, 2008). Su carrera más bien es la de un empresario maquilador y funcionario público hasta 1999, cuando fue candidato de la izquierda revolucionaria, en ese momento organizada electoralmente en la Alianza Nueva Nación (ANN). Participación mediante la cual ocuparía un distante pero decoroso tercer lugar en los comicios de aquel año. El matrimonio de Colom con el movimiento revolucionario no duraría mucho, y divergencias en materia de las alianzas que habría que hacer para ganar la presidencia, llevaron a ambos cónyuges por rumbos distintos. Así las cosas, en 2003, Colom compitió ya con su propio partido, la Unión Nacional de la Esperanza (UNE) y logró ubicarse en un segundo lugar tanto en la primera como en la segunda vuelta electoral ante el ganador de la contienda, Oscar Berger (Anckerman, 2007).

Resultó curioso que la prensa extranjera haya calificado el triunfo de Colom, como "la victoria de un izquierdista" y que se haya vinculado el mismo a la ola de gobiernos de izquierda que en los últimos años se han observado en Latinoamérica (Inforpress, 2007b). Las alianzas hechas por Colom y la UNE fueron argumento para que la Unidad Revolucionaria Nacional Guatemalteca (URNG), que obtuvo un magro 2.14% de los votos, no lo haya apoyado en la segunda vuelta y haya llamado a votar nulo o no votar (URNG, 2007). Otro partido en el que estuvo presente la izquierda, Encuentro por Guatemala (EG) mantuvo mutismo y por tanto tuvo similar postura. No así, la Alianza Nueva Nación quien con su 0.6% de votos apoyó a Colom en esa segunda vuelta, sobre todo en aspectos operativos valiéndose de las relaciones y experiencia de su líder, Jorge Soto García, el histórico *comandante Pablo Monsanto.*[2] Otros grupos de izquierda revolucionaria, irrelevantes desde el punto de vista electoral, pregonaron la anulación del voto y la abstención por considerar que todos los candidatos re-

---

2. Esta ANN no es la misma que auspició la URNG en el proceso electoral de 1999. Cuando Pablo Monsanto rompió con la URNG, aprovechó el registro electoral que había quedado del proceso de aquel año y lo convirtió en un partido bajo su dirección.

presentaban los intereses del gran capital y de la contrainsurgencia.[3]

Las razones de estos últimos y las de la URNG, resultan atendibles. Esto se verá, cuando se examinen las alianzas que Colom tuvo que hacer para ganar la presidencia, así como la naturaleza de su programa y los intereses con los cuales ha tenido y tendrá que negociar. Pero incluso desde las mismas premisas de un razonamiento de izquierda, si la opción era entre un candidato que representaba la continuidad de la cultura del terror y la mano dura y otro que planteaba un moderado programa social y de reformas, la opción por el segundo aunque solamente fuera para que no ganara el primero, resulta de sentido común. Las cúspides empresariales representadas por el Comité Coordinador de Cámaras Agrícolas, Comerciales, Industriales y Financieras (CACIF) y la Cámara de Comercio, expresaron su temor de que Colom elevara los impuestos (Inforpress, 2007b; Sabino, 2007). Visto por algunos de estos sectores como "populista", Colom contó con la desconfianza de la izquierda más radical y la derecha más recalcitrante. En este último caso, la desconfianza es infundada. Como lo ha destacado un analista de la derecha, Colom y su partido no forman parte de la misma estirpe de los gobernantes actuales de Venezuela, Bolivia y Ecuador. En efecto,

3. Véase Campaña Alternativa del Pueblo 2007a, 2007b; La Gotera, 2007a, 2007b; PGT, 2008. Estos grupos consideraron que su opción había triunfado cuando el voto nulo (3.50%), el voto en blanco (1.75%) y la abstención (más del 50%) sumaron aproximadamente 56% del padrón electoral (Inforpress, 2007b).

no podrán esperarse en los años de su gobierno, "cambios drásticos e inconsultos" (Sabino, 2007).

Este trabajo pretende examinar las posibilidades de un gobierno que ha expresado una filiación socialdemócrata, en el contexto de un país en donde en el pasado, socialdemócratas, demócrata cristianos y comunistas fueron puestos en un mismo saco. Se sostiene que sus límites e incertidumbres son notables, porque en Guatemala existe una clase dominante que en su cúspide globalizada se ha modernizado en la economía, pero sigue siendo arcaica en lo ideológico y extremadamente expoliadora en el proceso productivo. Porque además, un enconado conflicto interno ha generado una poderosa *cultura del terror*, un anticomunismo acendrado, y *poderes ocultos* nutridos de estos rasgos ideológicos y vinculados a formas ilícitas de capital. En esta correlación de fuerzas, hay que agregar que a diferencia de los países en los cuales los gobiernos de izquierda han iniciado procesos constituyentes y reformas radicales, en Guatemala no existe una poderosa protesta popular ni un vasto movimiento social. Ni reforma tributaria esencialmente progresiva, ni reforma agraria, ni el pleno cumplimiento de los acuerdos de paz de 1996 serán probables escenarios en este contexto.

I.
El personaje

De figura enjuta, hablar defectuoso y porte de ex seminarista, Álvaro Colom Caballeros ha dicho de sí mismo que es un triunfador. En efecto, su carrera profesional y política lo autoriza a hablar en esos términos. Esta última la comenzó ocupando cargos en el gobierno de Jorge Serrano Elías (1991-1993), particularmente el de director del Fondo Nacional para la Paz (FONAPAZ), entidad estatal dedicada a la promoción de proyectos de desarrollo social. Desde ese cargo tuvo la proyección suficiente –entre otras cosas por su apoyo a los refugiados producto del conflicto interno y posteriormente retornados (Bauer Paiz, 2008)–, como para ser considerado el candidato de la izquierda en 1999 y obtener una votación que lo colocaba como nuevamente candidato presidencial en los años venideros (Solano, 2008: 45). Convertido en político pragmático, comprendió que una candidatura que no fuera meramente testimonial, tendría que ampliar el espectro de alianzas por lo que rápidamente rompió su alianza con la URNG. En 2000, fundó su partido, la UNE, con un amplio rango de personajes, desde socialdemócratas hasta militares, pasando por un grupo de empresarios, parte de los cuales conocía desde años atrás. El punto de arranque fue la unificación de diputados disidentes provenientes del Partido de Avanzada Nacional (PAN) (que había sido auspiciado por el gran capital durante el período de Álvaro Arzú), el Partido Unionista (que sucedió al PAN en el favor empresarial), el Frente Republicano Guatemalteco (FRG) (el partido del ex presidente de facto Efraín Ríos Montt) y finalmente un diputados disidente de la Alianza Nueva Nación (ANN), el frente auspiciado por la Unidad Revolucionaria Nacional Guatemalteca (URNG) para el proceso electoral de 1999.

En el proceso electoral de 2003, su compañero de fórmula fue Fernando Andrade Díaz Durán, empresario –junto con su hermano Rodolfo–, vinculado a las exportaciones no tradicionales, posteriormente al comercio de agroexportación y bancos. Además, alto funcionario gubernamental durante las últimas dictaduras militares y primeros gobiernos civiles (Solano, 2008: 45). Los vínculos de Andrade Díaz Durán con la alta burguesía guatemalteca y centroamericana, con la clase política del país y con las altas jerarquías del ejército, amen de sus virtudes como operador político, han llevado a algunos a calificarlo como el "intelectual orgánico de la clase dominante".[4] Pese a que es conocido que Colom no recibió la ayuda que esperaba de tan dotado compañero de fórmula, Colom logró en las elecciones de 2003 un resultado extraordinario el domingo 9 de noviembre de 2003: obtuvo el 26.48% de los votos y más de 600 mil sufragios, colocándose en segundo lugar y por lo tanto habilitado para competir en la segunda vuelta electoral en donde finalmente fue derrotado por el empresario Oscar Berger. Su votación en la primera ronda había relegado a un tercer lugar al general Efraín Ríos Montt (19.22%) y sepultado para siempre las aspiraciones presidenciales del mayor genocida en Guatemala durante el siglo XX (CEG, 10-17/11/03). Pero la votación en dicha ronda, también era un paso más en el afianzamiento de una tercera candidatura presidencial y la consolidación de su partido, que en solamente tres años se había convertido en verdaderamente competitivo.

Pero en el camino del éxito electoral de Colom,

4. Así lo calificaban los entonces redactores del órgano electrónico *El Observador Electoral* en el año de 2003. Versiones difundidas por activistas de derechos humanos le asignan a Andrade Díaz-Durán conocimiento pleno de las actividades de la guerra sucia impulsada por el ejército durante los años del conflicto interno.

no solamente estaba su visión para hacer alianzas con personajes y círculos de gran poder en el país. Además de haber sido ordenado sacerdote maya –lo que facilitó vínculos con un sector del movimiento maya–, también estaba su propia trayectoria como empresario maquilero, que lo llevó a declararse en la campaña de 2003 como "el padrino de la maquila en Guatemala" (Solano, 2008: 45, 46) y también como personero de distintas cámaras empresariales en el país. Desde 1977 se había integrado a la Cámara de la Industria de Guatemala (CIG) y a la Dirección de la Comisión de Vestuario y Textil (VESTEX), de la Gremial de Exportadores de Productos No Tradicionales (GEXPRONT). En la década de los ochenta, Colom se había convertido en uno de los más importantes empresarios de la maquila, es decir empresas de subcontratación dedicadas a tareas intensivas de montaje y producción orientadas a la exportación. No solamente participaba en consejos de administración y conducción de diversas empresas dedicadas a ese ramo, sino también contribuyó a la expansión de la organización gremial de los maquileros en la Asociación Guatemalteca de Exportadores de Productos No tradicionales (AGEXPRONT) de la cual fue su vicepresidente en 1990. Es este sector agroexportador y textil hoy constituido en la AGEXPORT, el que más presionó por la firma del Tratado de Libre Comercio con Estados Unidos de América. Podría pensarse que fue en el marco de estas actividades gremiales en donde conoció a su hoy esposa, Sandra Torres Casanova, quien también fuera empresaria dedicada a la maquila y hoy influyentísima figura en el gobierno de la UNE (Solano, 2008: 45, 46).[5] Así las

5. Otra versión indica que la relación sentimental entre ambos

cosas, Álvaro Colom Caballeros es representante de una burguesía emergente en el país, distinta a la gran burguesía tradicional de origen agroexportador. Es a este emergente sector social al cual él le ha apostado como soporte social para su carrera política y eventual llegada a la Presidencia de la República. Es probable que el propio Colom consigne como parte de ese sector emergente, a las disidencias de las familias tradicionales, como por ejemplo Arturo Gutiérrez (tío de los Gutiérrez-Bosch) y los Castillo que en Guatemala manejan la concesión de la Pepsi-Cola (CABCORP).

En una reveladora entrevista concedida en 2006, Colom se refirió a un fuerte grupo de "empresarios emergentes" que se sentían oprimidos por las "famosas familias", es decir "el grupo pequeño de grandes empresarios", frente al cual el había mantenido una actitud de autonomía puesto que él y su partido no estaban dispuestos a moverse por el dinero que ellos les dieran. Dividiendo a la clase empresarial guatemalteca, en grandes empresarios, empresarios emergentes y "el sector abandonado", el de la micro, pequeña y mediana industria, podía inferirse que Colom se ubicaba en el segundo grupo, que según él lo había apoyado muchos años y le era leal y fiel. Además, este sector lo único que esperaba del gobierno era que no lo molestara (Inforpress, 1644). Por lo demás, Colom tenía relaciones con hijos de los más selecto de la clase dominante desde sus años de estudiante de secundaria y bachillerato en el Liceo Guatemala.

surgió al calor de la campaña presidencial del año 1999, cuando el hermano de Sandra Torres, Rolando Torres Casanova participó con un partido (el DIA) en la alianza que apoyó a Colom (Bravo, 2008).

Si fuera cierto que Colom representa al sector maquilero y de exportadores no tradicionales, su paso como funcionario público durante el gobierno de Serrano Elías les habría sido beneficioso. Alguna versión indica que desde FONAPAZ impulsó la expansión de maquilas en los otrora bastiones de la guerrilla del Ejército Guerrillero de los Pobres (EGP), el Ixcán y el triángulo Ixil en el departamento de Quiché (Solano, 2008: 45, 46). Después del triunfo electoral de Colom, pese a que éste los califica de desinteresados, los maquileros tienen razonables expectativas de que la industria citada se expanda hacia otros sectores rurales en los departamentos de Chimaltenango, Zacapa, Progreso para lo cual solicitan incentivos fiscales, salariales y de energía eléctrica. La respuesta de funcionarios allegados al hoy presidente Colom va mucho más allá de esto, pues han expresado un notable proyecto de acumulación capitalista en el interés de descentralizar la maquila a los departamentos de Quetzaltenango, Retalhuleu, Escuintla. Además en Huehuetenango, Quiché, Alta Verapaz y en Izabal, en el marco del desarrollo de uno de los megaproyectos contemplados por el nuevo gobierno, el de la Franja Transversal del Norte (Solano, 2008: 45, 46).

Viene pues Álvaro Colom de un sector empresarial que no se ha caracterizado por su sensibilidad social. Sabido es que la industria maquiladora mantiene a sus trabajadores en deplorables condiciones laborales y salariales. No hay ninguna evidencia que las maquiladoras vinculadas a él se distinguieran de las demás en el respeto a las regulaciones nacionales e internacionales que protegen los derechos de los trabajadores.[6]

6. Ésta es la afirmación que está contenida en un documento

Sin embargo, Colom ha sido exitoso en la proyección de su imagen de político moderno, moderado y deseoso de impulsar reformas estatales y vigorosos programas sociales (FUNDADESC, 2007). Se proyecta entonces, como un socialdemócrata; más aun, ha expresado una vocación crítica a la globalización neoliberal, la cual considera como algo que ha sido capturado por "clanes que manejan la cosa pública" (Inforpress, 1644). Esta última idea lo presentaría además de reformador social, como moderado crítico de los grandes poderes mundiales, como un estadista para el cual lo público debería prevalecer sobre lo privado.

En el momento de escribir estas líneas, le restan tres años al gobierno de Álvaro Colom. Este tiempo será suficiente para determinar si sus hechos coinciden con su discurso actual, o si por el contrario los mismos son coherentes con los del sector de donde proviene.

II. El proceso electoral de 2007: guerra sucia, verdad y metáfora

El largo camino transcurrido entre enero y noviembre de 2007 evidenció que pese a que la opinión predominante es benevolente con la transición democrática en Guatemala, en el país se observan fuertes resabios de la secular *cultura del terror*. Examinemos algunos de ellos.

citado por Solano (2008) y que fue publicado por Fundación CIDOB. Centro de Investigación de Relaciones Internacionales y Desarrollo. Barcelona. Enero 2008.

El contrincante

En el proceso electoral de 2007, Álvaro Colom tuvo como su adversario más fuerte al general retirado Otto Pérez Molina. El triunfo de Colom no fue tan holgado como lo hubiese deseado tanto en la primera como en la segunda ronda electoral. Entre septiembre (cuando triunfó en la primera) y noviembre, cuando ganó en la segunda, hubo momentos de incertidumbre. Ciertas encuestadoras le dieron el triunfo a su contrincante hasta con una diferencia de 7 puntos (Modak, 2007; Inforpress, 2007a). Muy probablemente no fue solamente una deficiencia técnica la que ocasionó tales desfiguros, sino sobre todo una parcialidad.

Finalmente las elecciones reflejaron lo que en realidad sucedía. Tanto en la primera como en la segunda ronda, Colom ganó con una diferencia de poco más de 5%. Sin embargo, Pérez Molina quedó como el contrincante a vencer en las próximas elecciones presidenciales. De imagen recia, Pérez Molina enarboló el discurso del hombre fuerte y providencial que llegaba para ordenar a un país en caos, imagen que tantos dividendos le trajo en los años pasados a Ríos Montt. Es ésta una imagen que ha resultado atractiva a grandes sectores del electorado guatemalteco. Y al igual que con Ríos Montt, la misma estuvo asentada en el pasado contrainsurgente del propio Pérez Molina. Pese a las similitudes, en marzo de 1982 éste no fue un militar de entera confianza para el golpista y flamante gobierno del general Efraín Ríos Montt. Finalmente había sido guardia del depuesto presidente Lucas García. Ríos Montt lo sacó de su ámbito más cercano y Pérez Molina pasó a ser parte de la oficialidad que directamente se enfrentaba al EGP en el triángulo

Ixil. Su estilo operativo le valió el seudónimo de *Comandante Tito*, con lo cual se aludía a un oficial contrainsurgente que desde el mando de la Fuerza de Tarea Gumarcaj, le hacía guerrillas a la guerrilla. Al parecer también le hizo guerra sucia, si fuera cierto el hecho de que la dependencia a su cargo capturó y ejecutó extrajudicialmente al comandante guerrillero de la Organización del Pueblo en Armas (ORPA), Efraín Bámaca (FUNDADESC, 2007; Anckerman, 2007: 1, 2).[7] En el contexto de la guerra sucia electoral de 2007, circularon en la red imágenes de notas periodísticas en donde aparecía involucrado en espeluznantes violaciones a los derechos humanos de la población civil residente en el área en donde como oficial medio operaba.[8]

Su diligencia contrainsurgente lo llevó entre 1991-1993 a ocupar cargos de alto nivel. Entre ellos director de Inteligencia Militar, posición desde la cual empezó a ganar fama de pertenecer al sector "constitucionalista" del ejército, al oponerse al autogolpe de Estado fraguado por Serrano Elías en 1993. En esta coyuntura hizo una fuerte alianza con un sector de poderosas corporaciones empresariales vinculadas a la Cámara de Industria y al CACIF (Anckerman, 2007: 1, 2; Polanco, 2007) las cuales se opusieron al autogolpe. Al calor de estos incidentes, Pérez Molina consolidó su ascen-

7. La dependencia referida sería la Inteligencia del Estado mayor de la Defensa Nacional (D2).

8. En una de esas imágenes aparece fotografiado un artículo del famoso periodista Allan Nairn publicado en 1983, en el cual un oficial del ejército guatemalteco que se hace llamar *Tito Arias*, confiesa desenfadadamente su participación en asesinatos masivos de población civil.

so político como lo demostró el haber sido nombrado en el gobierno interino de Ramiro de León Carpio (1993-1996), jefe del Estado Mayor Presidencial. En el de Álvaro Arzú (1996-2000), ocupó varias jefaturas hasta llegar a ser delegado del ejército en las negociaciones de paz culminadas en diciembre de 1996 (FUNDADESC, 2007). Pero su papel en el intento de autogolpe de 1993, consolidó también su enemistad con otros poderosos jefes del ejército, partidarios de la línea dura en la guerra contrainsurgente y que apoyaron el autogolpe de Serrano Elías, entre ellos su figura principal, el general Francisco Ortega Menaldo (Anckerman, 2007, Polanco, 2007; anónimo, 2007a). Esta enemistad que de ser expresión de líneas rivales en el ejército, pasó a ser rivalidad de *poderes ocultos* (*El sindicato* y la *Cofradía*) vinculados a actividades de crimen organizado (Peacock y Beltrán, s/f), explicaría por qué siendo el candidato más viable a ocupar el cargo de ministro de la Defensa durante el gobierno de Alfonso Portillo (2000-2004), repentinamente fue descartado (FUNDADESC, 2007). Sabido es que el grupo de *poder oculto* encabezado por el general en retiro Francisco Ortega Menaldo, y los coroneles en retiro Napoleón Rojas y Jacobo Esdras Salán (*La Cofradía*), fue muy influyente durante el gobierno de Portillo.

A partir de ese momento, Pérez Molina comenzó su carrera política como civil. Afianzó sus vínculos con las corporaciones empresariales más poderosas del país y éstas le ayudaron a formar su propio partido, el Partido Patriota, el cual contribuyó de manera significativa al triunfo de Oscar Berger en 2003. Con este último, hizo frente común no solo contra Colom, sino sobre todo con respecto al Frente Republicano Guatemalteco (FRG) de Ríos Montt (FUNDADESC,

2007; Anckerman, 2007: 1, 2). Después de un paso fugaz en la administración de Oscar Berger (2004-2008) como comisionado presidencial de Seguridad, Pérez Molina pasó a la oposición y sus relaciones con los grandes poderes empresariales no fueron las mejores (Anckerman, 2007: 2).

Sin embargo, el antiguo general contrainsurgente convertido en dirigente político, ya había logrado tejer una red que era el núcleo duro de su partido. Un artículo periodístico explicablemente sin autor (El Periódico, 2007), publicado en el diario *El Periódico*, nos informa quienes eran los integrantes más conspicuos del Partido Patriota en octubre de 2007. La lista tiene imprecisiones porque es grande la movilidad de los personajes que participan en política en Guatemala. Incluye a personas que difícilmente pueden ser encasilladas en un solo partido como el zar de la televisión abierta en Guatemala, el empresario de origen mexicano Ángel González (Rezéndiz, 2007). En igual situación parecerían estar Dionisio Gutiérrez y Juan Luis Bosch, integrantes de una de las corporaciones más influyentes del país. Pero el listado incluye también a militares retirados, todos ellos destacados oficiales contrainsurgentes en los años ochenta del siglo XX y más de uno sindicado de tener vinculaciones con el crimen organizado: el general Ricardo Bustamante, el coronel Otto Noack, los tenientes coroneles Mauricio López Bonilla y Luis Fernández Ligorría; ex funcionarios de la estratégica Dirección General de Aduanas como Otto Rember Leal y Christian Ross; empresarios destacados como Ricardo Castillo Sinibaldi, Mario Leal (banca, azúcar), integrantes de la clase política como Valentín Gramajo (antaño político socialdemócrata), Oliverio García Rodas, Jorge Gallardo, y Roxana

Baldetti. Finalmente personas que de una u otra manera estuvieron vinculadas al movimiento revolucionario guatemalteco como Pavel Centeno y Jorge Herrera.[9]

Personajes más, personajes menos, con este equipo, el general encabezó a un partido que en términos generales enarboló un ideario neoliberal acompañado del eslogan de la "mano dura" contra la delincuencia. La imagen caló en una población harta de la delincuencia común y de la organizada, de la alta tasa de homicidios y secuestros, de la proliferación de las masivas y letales pandillas juveniles denominadas *maras*, al extremo que al general se le empezó a denominar simplemente "mano dura" (Sabino, 2007). El derrame de prosperidad como consecuencia del prometido incremento de la productividad, una de las ideas fundamentales del neoliberalismo, aparecía en el programa electoral del Partido Patriota. Lo que lo diferenciaba de los demás partidos de la derecha era que la garantía

9. El padre de Pavel Centeno, Carlos Centeno, durante muchos años militante del Partido Guatemalteco del Trabajo (PGT, partido comunista), fue asesinado en enero de 1981. Un hermano de Pavel murió en las filas de la insurgencia armada durante los años ochenta. Jorge Herrera, *El Tanque*, también conocido como *Rafael Hernández*, fue un inteligente militante de las Fuerzas Armadas Rebeldes (FAR) y después de la Juventud Patriótica del Trabajo (la organización juvenil del PGT), hasta que fue capturado a mediados de los años ochenta. Después de ese terrible hecho, Herrera se convirtió en colaborador del ejército. La nota periodística aludida menciona que formó parte de la sección de contrainteligencia al mando del que después fuera el general Ricardo Bustamante. Un hermano de Herrera, Víctor, también conocido como *Edgar de la Cruz*, fue capturado junto con su esposa, Ileana Minera y ambos se encuentran desaparecidos.

de cumplir la promesa radicaba en el carácter, decisión y firmeza del candidato en el combate a la corrupción. La "mano dura" se aplicaría no sólo a la corrupción a la delincuencia, sino también para establecer el orden en la administración pública, en el disciplinamiento del Organismo Judicial. Resulta curioso que el antaño *comandante Tito* de la fuerza de tarea Gumarcaj, prometiera ahora la creación de fuerzas de tarea para combatir la criminalidad en las llamadas zonas rojas (COS, 2007: 10, 26).

En pocas palabras, el contrincante de Colom en el proceso electoral de 2007, podría haber sido calificado como una amalgama de franco neoliberalismo y autoritarismo de naturaleza contrainsurgente.

La violencia y la guerra sucia

Resulta sorprendente a todo aquel que siguió de cerca el proceso electoral de 2007, el saber que la Unión Europea calificó de "magníficas" las elecciones en Guatemala (Serrano, 2007). Probablemente tal calificación se haga acorde con la visión procedimentalista de la democracia. En efecto, en las dos rondas electorales en septiembre y en noviembre de 2007, no hubo un fraude, ni anomalías significativas que pusieran en duda los resultados electorales. Pero los comicios se realizaron en medio de la descomposición social que observa el país. Según datos oficiales, durante el primer semestre de 2007, fueron asesinadas 2,857 personas en su mayoría con armas de fuego (Serrano, 2007). Entre marzo de 2006 y septiembre de 2007 fueron asesinadas 56 personas pertenecientes a partidos políticos, 18 de las cuales pertenecieron a la UNE, 8 del

Partido Patriota y varios más de Encuentro por Guatemala (EG), el partido que apoyó a Rigoberta Menchú. Entre los asesinados también figuraron integrantes de la Alianza Nueva Nación (ANN) que postuló a *Pablo Monsanto* (Modak, 2007; Serrano 2007). En septiembre de 2007, Nery Rodenas, el Director de la Oficina de Derechos Humanos del Arzobispado de Guatemala (ODHA), afirmaba que entre enero y ese mes, se habían registrado 68 atentados contra activistas políticos, de los cuales 48 habían resultado mortales (Serrano, 2007). En un ambiente en el cual los partidos políticos de todos los signos, mantienen fronteras difusas con el crimen organizado o éste se ha infiltrado en ellos, la violencia contra los activistas políticos puede tener diversas causas.

La violencia como acto de fuerza física se combinó también con acciones de guerra psicológica y violencia simbólica. Imágenes de Pérez Molina que se combinaban con fotografías de osamentas y restos humanos encontradas en las áreas de conflicto en los años ochenta del siglo XX, circularon profusamente por la red. Documentos apócrifos, firmados por supuestos "militares nacionalistas" vincularon a Colom con Joaquín *el Chapo* Guzmán Loaera –jefe del cártel de Sinaloa–, sindicándolo de ser uno de los financistas de su campaña. Además de acusar a Colom de bisexual y alcohólico, acusaron a su esposa, de haber estado vinculada a la guerrilla, involucrada inactividades de secuestro realizadas por la Organización del Pueblo en Armas (ORPA) y vinculada sentimentalmente durante algún tiempo con alguno de los comandantes de ésta última organización (Militares nacionalistas, 2007).[10]

10. Un ejemplo de los arteros ataques hacia Colom y Sandra

La guerra de lodo se incrementó durante los meses que siguieron a la primera ronda electoral. Ambos candidatos o sus seguidores intercambiaron acusaciones en las que se vinculaban al narcotráfico y en general al crimen organizado, o bien en el caso de Colom con uno de los poderes ocultos, aquel encabezado por el general Francisco Ortega Menaldo. Mientras que Pérez Molina se proyectaba como el "hombre fuerte" que Guatemala necesitaba, la guerra sucia pintó a Colom como un hombre débil, sin carácter, dominado por su esposa (Sabino, 2007).

Las alianzas electorales

Difamaciones aparte, el hecho cierto es que en una sociedad como la guatemalteca, en la que coexisten poderes formales e informales, grupos surgidos en el contexto de la guerra sucia impulsada por la contrainsurgencia, las alianzas que se hacen para ganar las elecciones transitan por diversos niveles, algunos de ellos subterráneos y no necesariamente visibles.

Torres, fueron los artículos escritos por el columnista Hugo Arce, que circularon por Internet: "Colom, un peligro para Guatemala", "No caigamos en la trampa, no votemos por Colom" y otros más. El autor escribe estas líneas con sentimientos encontrados pues Hugo Arce fue un querido amigo de juventud. Días después de la toma de posesión de Colom, Hugo Arce fue encontrado muerto de un disparo en el corazón en un hotel de la ciudad de Guatemala. Aparentemente se trató de un suicidio, aunque hubo voces que clamaron había sido una ejecución extrajudicial. En el momento de su muerte, Arce estaba por enfrentar un juicio por difamación entablado por la esposa del flamante presidente.

Como ya se ha señalado, congruente con su postura de que una candidatura presidencial viable tendría que expandir hasta donde fuera posible las alianzas, Colom ha hecho de lo que él ha llamado "los empresarios emergentes" el núcleo duro de su trabajo político (Inforpress, 1644). En efecto, en los albores de su gobierno, un observador atento constataba que en las carteras e instituciones de su gobierno no aparecían públicamente representantes de las siete u ocho corporaciones familiares que constituían la columna vertebral de la gran burguesía guatemalteca. Ese eje empresarial de gran calado que había propiciado el triunfo del Gran Alianza Nacional (GANA) –el partido que llevó a Oscar Berger a la presidencia de la república en 2004–, más bien parecía ahora más cercano al Partido Patriota, el cual parecía ser el principal operador de esos monumentales intereses (Solís, 2008: 11). En cambio, el grupo de "empresarios emergentes" que Colom anunció desde el inicio de su campaña electoral, parecían estar cobrando en influencia gubernamental el apoyo que le dieron. Nos referimos al grupo de agroexportadores no tradicionales, empresarios de la construcción e industria textilera (principalmente maquila) que provienen de la ya mencionada Asociación de Exportadores de Guatemala (AGEXPORT). Otros grupos empresariales reputados como financistas de Colom y cercanos al nuevo gobierno son el Grupo Valdés (transporte aéreo, telecomunicaciones, construcción, banca), el Grupo Noble (inmobiliaria, finanzas, correos, petróleo). Lugar destacado por su influencia directa en el gabinete de gobierno de Colom es el Grupo Cohen (proveedor de medicinas, farmacias). Uno de los herederos de este grupo, Alberto Cohen Mory es presidente del Instituto de Electrificación

(INDE), mientras que uno de los ejecutivos del Grupo Cohen, Gustavo Alejos Cámbara, es el secretario privado de la presidencia. Su primo Luis Alejos Olivero, figura muy influyente en la UNE (fue encargado financiero de la campaña electoral de 2007) fue nombrado ministro de Comunicaciones, Infraestructura y Vivienda. Como encargado de tal cartera ha anunciado su compromiso con uno de los megaproyectos del gobierno de Colom, la carretera en la llamada Franja Transversal del Norte (que comprende los departamentos de Alta Verapaz e Izabal) y en proyectos de puentes, carreteras y aeropuertos.[11] Otro integrante de la familia, Roberto Alejos, es integrante de la Junta Directiva del Congreso de la República (Solano, 2008: 55-57; El Periódico, 2007). Empresarios vinculados a Colom y a la UNE son Carlos Meany (textiles, maderero), Luis Pedro Chang (suministros portuarios), Jacques Boussinot (electrodomésticos), Carlos Vielman (ministro de Gobernación en el período de Berger), José Fernández (gran terrateniente), Alfredo Mirón (exportador de productos no tradicionales), Gustavo Figueroa (transporte de gasolina) (El Periódico, 2007).[12]

11. A los proyectos de desarrollo vial se encuentra vinculada la compañía internacional de origen israelí, Solel Boneh, también reputada financista de varios gobiernos. Vale la pena mencionar que Alejos Olivero también ha estado vinculado a la petrolera Chevron, al Citybank y Continental Motors.

12. Chang ha sido señalado de ser beneficiario de contratos portuarios de carácter anómalo mientras a Boussinot y Figueroa (pariente político de Gloria Torres, hermana de la esposa del presidente) se les ha vinculado al contrabando (El Periódico, 2007). Vielman ha sido representante de los intereses de las grandes corporaciones empresariales, pero apoyó a Colom porque es hermano del actual vicepresidente Rafael Espada

Siendo estos "empresarios emergentes", principales financistas de la candidatura de Colom, la verdad es que la cúspide empresarial ha mantenido una visión pragmática en lo que se refiere al apoyo financiero a los partidos. Así, una parte del gran empresariado (los Vila, los Gutiérrez-Bosch, los Díaz Durán, los Castillo, los Novella y los Berger) habrían apoyado en el proceso electoral al entonces partido oficial GANA. Sin embargo, el pragmatismo de una de las más influyentes corporaciones familiares –los Gutiérrez-Bosch–, los habría llevado además a otorgarle financiamiento en la derecha al Partido Patriota, y en el centro izquierda a la UNE y a Encuentro por Guatemala (EG).[13] Los rivales económicos de los Gutiérrez Bosch –los García Granados–, habrían financiado a un pequeño partido, la Unión del Centro Nacionalista (UCN) (Polanco, 2007). En realidad lo que pareciera suceder es que las grandes corporaciones familiares reparten dinero entre los distintos partidos y dirigencias políticas a efecto de comprometerlos, independientemente de que estén a la cabeza o a la cola de las encuestas. Obviamente, su interés y financiamiento crecerá al máximo, dependiendo de las preferencias electorales y de las garantías que a sus intereses les inspiren cada

y porque Pérez Molina jugó un papel fundamental en su renuncia como ministro de Gobernación. Esto último como consecuencia del escándalo suscitado por el asesinato de tres diputados salvadoreños del Parlamento Centroamericano (PARLACEN) en marzo de 2007.

13. Otra versión recogida por el autor niega enfáticamente esta versión. Ofrece otra difícil de creer: en las elecciones de 2007 la Corporación Multi-inversiones habría decidido no darle dinero a ninguno de los candidatos.

uno de los partidos políticos. Si así fueran las cosas, podría pensarse que Pérez Molina y el Partido Patriota estuvieron más cerca de las preferencias de las grandes corporaciones que la candidatura de Colom y la UNE. Sin que la candidatura de Colom fuese vista como peligrosa para los intereses gran empresariales, desde la mentalidad conservadora de la gran burguesía guatemalteca, resultaba más confiable un general contrainsurgente que ya había sido aliado de ellos desde 1993, a un político con un discurso social moderado y confesamente socialdemócrata.

La ausencia de representantes de las grandes corporaciones empresariales en el gobierno de Colom no significa que una parte de la cúspide burguesa del país no lo haya apoyado (Solano, 2008: 28, 29). Entre los integrantes de dicha cúspide que habrían apoyado a Colom se encuentran el Grupo Disagro (fertilizantes, maquinaria agrícola). Presidido por Roberto Dalton Matheu, Disagro se encuentra entre los diez más importantes proveedores del Estado y controla el 85% del mercado de los fertilizantes en el país (Solano, 2008: 55-57).[14] Otra corporación perteneciente a la cúspide empresarial del país, considerada cercana al gobierno de Colom, es el Grupo Molina (plátano, palma africana, aceite de palma, jabones, helados y ganado). El grupo Molina controla el 80% de la pro-

14. El nivel de cercanía de Dalton Matheu con Colom es tan grande que éste viajó a la XX Cumbre de Presidentes del Grupo de Río en República Dominicana en un avión privado del primero. (Solano, 2008: 55-57). El que Dalton y el empresario Carlos Enrique *Baby* Matta Castillo de otra corporación (CABCORP), pongan a disposición de Colom y de su esposa, aviones y helicópteros desde la época de la campaña, ha sido denunciado por el periodista Jorge Palmieri (Palmieri, 2008: 3).

ducción de palma y aceite de palma en el país y es considerado el mayor terrateniente de Guatemala (Solano, 2008: 55-57). Otras corporaciones empresariales vinculadas a la UNE son el Grupo Giordani (construcción e inmobiliarias),[15] el Grupo Granai Townson (banca y supermercados), el Grupo Tomza (distribuidores de gas en México y Guatemala) y el grupo Cofiño Stahl (venta de automóviles y principal proveedor de vehículos al Estado).[16]

En el momento previo al inicio de la campaña electoral de 2007, Colom de manera expresa dijo que no haría alianzas con el Frente Republicano Guatemalteco (FRG) encabezado por Ríos Montt (Inforpress, 1644). Sin embargo, en septiembre de 2007 fue anunciado públicamente que Francisco Bianchi se había adherido al proyecto de la UNE. Hecho significativo puesto que Bianchi fue figura central en el gobierno de facto de Ríos Montt (1982-1983) y además es una personalidad importante la Iglesia del Verbo, secta del fundamentalismo protestante a la que también pertenece Ríos Montt (Anckerman, 2007: 6). Figuras importantes del período de gobierno encabezado por Alfonso Portillo, se agregaron a la campaña electoral de Colom y estuvieron relacionadas con la UNE. Las

---

15. Los Giordani son una familia empresarial que estuvo ligada al gobierno revolucionario de Juan José Arévalo (1945-1951) de tal manera que su vinculación a Colom podría tener también un componente ideológico.

16. En marzo de 2008, el grupo Tomza donó 10 mil estufas y cilindros a la Secretaría de Obras Sociales de la Esposa del Presidente (SOSEP). Y en abril de ese mismo año le proporcionó al presidente Colom el avión privado que lo llevó a él y a su comitiva a su gira por el Brasil (Solano, 2008: 55-57; El Periódico, 2007).

más importantes fueron Julio Girón, secretario privado de Portillo –sindicado como su prestanombres en negocios oscuros– y Leonel Montejo, gerente de la empresa portuaria Quetzal durante dicho período. Otras figuras de gobiernos pasados se vincularon a la UNE: Gustavo Espina y Juan Daniel Alemán (del gobierno de Serrano Elías), Eduardo Castillo (del de Oscar Berger).[17] Militares importantes como Julio Yon Rivera (director de inteligencia militar durante el gobierno de Arzú), y Leonel Sisniega-Otero Cordero, hijo del ultraderechista político de la segunda mitad del siglo XX (El Periódico, 2007).

Mención especial en las alianzas que llevaron al gobierno a Colom, merecen el general Luis Francisco Ortega Menaldo, los coroneles Jacobo Esdras Salán y Napoleón Rojas, así como otro militar retirado, Carlos Quintanilla. A reserva de que abordaremos más adelante las razones de su vinculación a la campaña electoral de Colom en 2007, puede adelantarse que todos ellos han sido mencionados como integrantes de uno de los *poderes ocultos* que actúan en Guatemala, en este caso la llamada *Cofradía* (Peacock y Beltrán, s/f). Ortega Menaldo y los coroneles Salán y Rojas, estuvieron vinculados al FRG y fueron personajes influyentes en el gobierno de Alfonso Portillo. El general Ortega Menaldo ha sido acusado de mantener vínculos con el narcotráfico y el contrabando al extremo de que en 2002, el gobierno de Estados Unidos de América le canceló la visa. El coronel Salán ha sido relacionado con la red de contrabando de Alfredo Moreno y se convirtió en un empresario de la construcción merced

17. Espina fue vicepresidente de Serrano Elías y participó activamente en el autogolpe de 1993.

a contratos otorgados por el Estado. El coronel Rojas enfrentó en 2003 un proceso penal por contrabando y fue vinculado a un desfalco en el Crédito Hipotecario Nacional; al igual que al general Ortega Menaldo, el gobierno estadounidense le retiró la visa. En cuanto a Carlos Quintanilla, dueño de una empresa de seguridad privada, mencionado como el agente del *poder oculto* mencionado, fue financista de Colom y tuvo a su cargo ni más ni menos que su protección durante la campaña electoral (El Periódico, 2007). Corrió con buena fortuna durante los primeros meses del gobierno del primero pues llegó a encabezar la Secretaría de Asuntos Administrativos y de Seguridad (SAAS), suerte de ministerio encargado de velar por la seguridad del presidente. Esto sucedió hasta septiembre de 2008, cuando fue defenestrado del gobierno en medio de un escándalo de espionaje al propio Colom.

Con la información antes reseñada es posible reconstruir el espectro de alianzas que llevó por el camino de la victoria a Álvaro Colom y a la UNE. Sectores empresariales emergentes y globalizados que ya compiten por entrar en el selecto club de la gran cúspide burguesa del país; un sector de este selecto club que se comprometió con Colom desde la campaña electoral y que ahora forma parte de los círculos influyentes del nuevo gobierno; otro sector de dicha cúspide empresarial que sin comprometerse abiertamente distribuyó dinero a diferentes partidos entre ellos a la UNE; altos funcionarios de gobiernos pasados entre ellos algunos vinculados en el pasado al FRG y al ex presidente Portillo; militares vinculados a la contrainsurgencia y guerra sucia durante los años ochenta y noventa del siglo pasado y peor aún, militares involucrados en violaciones de derechos humanos, vinculados al crimen organizado y que forman parte de uno de los dos grandes *poderes ocultos* que actúan en el país.

Desde una fría perspectiva política puede decirse que en una sociedad como la guatemalteca, nadie que no esté dispuesto a articular tan compleja red de intereses puede llegar a gobernar al país. Y acaso tampoco podría haber derrotado a Pérez Molina. Pero este camino de la victoria es precisamente el que marca los límites y las incertidumbres de la socialdemocracia en Guatemala.

La victoria

Obviamente el camino de la victoria de Álvaro Colom y de la UNE no solamente se debió a las alianzas que logró hacer en las alturas. También fue decisivo el que en aproximadamente ocho años logró construir un partido con presencia nacional. Además, su programa electoral logró ocupar el espacio político que generan las grandes insatisfacciones sociales que se observan en Guatemala.

En lo que se refiere al partido, en febrero de 2006 Colom lo presentaba como un "movimiento social-político" que contaba con tres fundaciones, cuatro institutos (legislativo, programa de gobierno, migrantes y formación política) y cuatro coordinadoras que establecían vínculos con jóvenes, maestros, mujeres y tercera edad. Esta visión sectorial también comprendía a pobladores y cooperativistas. Los vínculos del partido con la sociedad civil también se extendían a una "excelente relación" con la Unidad de Acción Sindical y Popular (UASP) y con la Asamblea Nacional del Magisterio (Inforpress, 1644). En el transcurso del proceso electoral de 2007, la candidatura de Colom fue apoyada tácitamente por el Colectivo de Organizaciones Sociales (COS). Asentado en la confluencia de intereses empresariales y políticos de gran altura que ya hemos reseñado, merced a estas alianzas con sectores de la sociedad civil, la UNE también se proyectaba como un partido popular. Desde el año 2000, el partido se fue extendiendo en todos los distritos electorales del país y se convirtió en una maquinaria política a nivel nacional gracias a los compromisos que estableció localmente. En esto aprovechó lo que ha sido una constante en la vida política nacional: el partido que gana las elecciones presidenciales rápidamente se desgasta con el ejercicio del gobierno. La UNE sacó ventaja entonces, del espacio de la disgregación de la GANA (el partido oficial durante Berger) y del FRG (el partido oficial durante Portillo) (Sabino, 2007).

Postulándose como un partido interesado en la reforma social, la UNE captó el apoyo del campesinado que buscaba oportunidades de fertilizantes, semillas y desarrollo rural. También se proyectó en los sectores más empobrecidos que resintieron en el gobierno de Berger, la reducción a la mitad del monto destinado a la alimentación escolar en relación a lo que recibían durante el gobierno de Portillo. Durante el gobierno de Berger, estos mismos sectores vieron congelados los salarios mínimos, elevados los precios de la canasta básica, incrementados los desalojos arbitrarios de campesinos. Durante ese mismo período, los fertilizantes fueron clientelar y deficientemente distribuidos y el gobierno acumuló la impresionante cifra de entre 1,500 y 1,600 conflictos agrarios no resueltos (Anckerman, 2007: 7-9; Samayoa, 2008: 76). Colom y la UNE aparecieron como una alternativa ante todos estos sectores y aun para un sector de las organizaciones de los derechos humanos. Esto último lo demuestra el que hayan celebrado un pacto para el resarcimiento de las víctimas del conflicto interno con la Coordinadora para el Resarcimiento del Pueblo Maya, en donde es figura central la dirigente Rosalina Tuyuc (Ancker-

Resultados de la primera ronda electoral. Guatemala, 9 de septiembre de 2007 (Porcentajes del 99.51% de los votos contabilizados)

Partido	Candidato	Votos (%)*	Alcaldías	Diputaciones
UNE	Álvaro Colom	28.23	104	50
PP	Otto Pérez	23.51	39	29
GANA	A. Giammattei	17.23	78	37
CASA	E. Suger	7.45	1	5
FRG	Luis Rabbé	7.29	23	14
EG	R. Menchú	3.09	1	4
PU	Fritz García	2.92	23	7
UCN	Mario Estrada	3.16	12	5
PAN	O. Castañeda	2.56	13	4
URNG-Maíz	M. Sandoval	2.14	7	2
UD	Manuel Conde	0.76	4	1
ANN	Pablo Monsanto	0.59	2	0
DIA	Héctor Rosales	0.57	3	0
DCG	Marco Cerezo B.	0.5	1	0
BIEN	—	—	0	0
El Frente	—	—	2	0
C. Cívicos**	—	—	19	0

(*) Votos para presidente y vicepresidente. Datos del Tribunal Supremo Electoral (TSE) con el 99.51% de los votos escrutados. (**) Comités Cívicos. Fuente: Inforpress, 2007a.

man, 2007: 9). Colom y la UNE probablemente percibieron que el voto de los pobres del campo y de la ciudad se había orientado en las últimas elecciones hacia planteamientos que la derecha neoliberal ha calificado como "populistas" (Anckerman, 2007: 8).

No se equivocaron en ello, tanto en la primera ronda electoral del 9 de septiembre como en la segunda del 4 de noviembre, Colom recibió el voto de los más pobres y de las áreas rurales más marginadas. En cambio, Pérez Molina capitalizó el voto de las clases medias y altas urbanas, atribuladas por la delincuencia común y organizada y presas de la propaganda neoliberal (Solís, 2008: 6).

La primera ronda electoral significó un triunfo para la UNE aunque no de carácter holgado en lo que se refiere a la elección presidencial. No obstante ello logró colocarse como primera minoría en el Congreso de la República con el 32% de los diputados (50 sobre 158), y alcanzó aproximadamente un tercio (104) de las 332 alcaldías en disputa. En términos de poder local (municipalidades) y correlación de fuerzas en el Congreso, el adversario más poderoso no resultó ser Pérez Molina, sino el saliente partido oficial, la GANA quien logró 78 alcaldías y 39 diputados. Pérez Molina y el PP, dispondrán solamente de aproximadamente una quinta parte de los diputados y un 10% de las alcaldías. No obstante ello, el presidente Colom y la UNE se verán forzados a negociar con Pérez Molina y el PP, porque ni aún aliándose al FRG y a la UCN (aliados probables hasta el momento de escribir estas líneas) lograrían una mayoría parlamentaria.[18] En lo

18. El otorgamiento de una fianza para enfrentar en libertad los cargos de peculado con que se ha beneficiado al ex presi-

que se refiere a la izquierda que proviene del movimiento revolucionario, el panorama es desolador. La URNG casi perdió su registro electoral, la ANN sí lo hizo y desapareció como partido político parlamentario. Encuentro por Guatemala (EG) mantuvo su registro, pero la suerte de su candidata presidencial, Rigoberta Menchú fue deplorable. La premio Nóbel de la Paz 1992 alcanzó apenas el 3.09% de la votación, mientras que la fuerza política que la nominó, obtuvo el 6.17% de los votos para la lista nacional de diputados (RDPG, 2007).

En la segunda vuelta electoral, celebrada el 4 de noviembre de 2007, la distancia entre los dos candidatos que llegaron a dicha ronda, volvió a ser de aproximadamente 5%. Las tendencias anteriormente apuntadas, el voto de los pobres rurales y urbanos, el voto de las zonas rurales más marginadas se orientó hacia Colom, mientras el voto en la ciudad de Guatemala favoreció a Pérez Molina. Colom ganó en 20 de los 22 departamentos del país, Pérez Molina en el departamento de Guatemala, en el cual se encuentra la concentración urbana más grande, la capital del país. Colom también ganó en 20 de los 23 distritos electorales (Inforpress, 2007b; Solís, 2008: 6). Pese a ello, debido a que la diferencia de votos entre Colom y Pérez Molina fue de apenas el 5.6%, la victoria ha sido calificada de "pírrica" y no han faltado voces que advierten en contra del triunfalismo (Solís, 2008: 6). Gustavo Porras, antiguo militante revolucionario y después fun-

dente Portillo, la presencia de antiguos funcionarios de su gobierno en el de Colom, sugiere una concertación política con el FRG o al menos con los portillistas. Véase Prensa Libre, 2008a: López Ovando, 2008; Reynoso, 2008.

Resultados de la segunda ronda electoral. Guatemala, 4 de noviembre de 2007

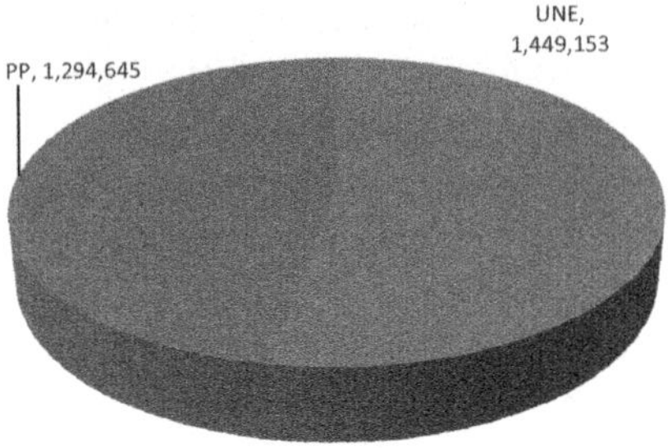

Fuente: Solís, 2008: 6.

cionario en el gobierno de Álvaro Arzú, ha advertido que la victoria de Colom es "muy magra", finalmente la mayoría electoral no necesariamente significa "apoyo popular". Éste existe solamente en los momentos revolucionarios, cuando es organizado y la gente sale a las calles. "Colom no está montado en una fuerza popular con la cual puede desafiar a los empresarios" (Solís, 2008: 6).

Es certera la afirmación de Porras. Pero cabe preguntarse: ¿Es que Colom se ha planteado desafiar a los empresarios con el apoyo de una fuerza popular?

III. Los poderes fácticos, los límites y las posibilidades de la socialdemocracia

Acaso cuando se habla del desafío a la cúspide empresarial, se esté aludiendo a la posibilidad de realizar una reforma social y política de gran envergadura en el país. A contrapunto del nombre del partido de Álvaro Colom, en Guatemala la correlación de fuerzas en términos políticos, sociales e ideológicos, no permite albergar muchas esperanzas en ese sentido.

En primer lugar, como se dijo antes, la clase dominante en Guatemala moderna en términos empresariales, es tributaria del oscurantismo reaccionario en lo que a ideología se refiere. Procedente de una tradición expoliadora y represiva que arranca desde la colonia, acaso sea mucho más reacia a reformas que muchas de sus congéneres. El ahora vicepresidente, el eminente cardiólogo Rafael Espada, ha dicho que Guatemala sigue siendo un país medieval: "Acá no hay ricos ni pobres, hay nobles y plebeyos. El pobre se cree plebeyo y el rico, además de creerse noble, es resentido social y le molesta que los demás progresen" (Solano, 2008: 31-32). Una forma peculiar de expresar que en el fondo la clase dominante en Guatemala sigue viendo al país como si se tratara de una gran finca. Álvaro Colom también ha expresado las dificultades que tiene una reforma política y social en Guatemala: "Guatemala es un país bastante conservador, y es un país multiétnico, multicultural y multilingüe; y eso nos hace un país distinto por lo que nos obliga a tener un rostro socialdemócrata distinto". (Inforpress, 1644). Probablemente lo distintivo de la socialdemocracia en Guatemala sea su inevitable moderación.

Además del carácter reaccionario de la clase dominante, Guatemala presenta los efectos acumulados de décadas de conflicto interno a los que se suman los resultados devastadores de la implementación neoliberal en el país. Una semana después de que Colom asumiera la presidencia de Guatemala, en un artículo publicado en el diario español *El País*, un analista se preguntaba si Guatemala era la Somalia de América Latina o el Haití de Iberoamérica. Finalmente Guatemala cumplía con todos los requisitos para convertirse en un Estado fallido si es que no lo era ya (Bastenier, 2008). "Corredores estratégicos" en los que el Estado no existe y en los que el narcopoder impera, 60 muertes violentas anuales por cada 100 mil habitantes, corrupción rampante que ubicaba al país en el lugar número 111 entre 163 economías evaluadas por el índice de corrupción elaborado en 2006 por la organización Transparencia Internacional, 240 investigaciones que llegan a juicio de 240 mil delitos cometidos (Bastenier, 2008; Sánchez, 2007; CERG, 22-29/9/08; El Observador, 2008a: 1).[19]

En esta sección examinaremos los actores y obstáculos que enfrenta el gobierno de Colom, para darle viabilidad a un proyecto socialdemócrata.

Las familias imperiales

En Guatemala el conjunto de corporaciones familiares que constituyen a la clase empresarial, particularmente en su cúspide, se comportan como familias imperiales. Tienen una enorme capacidad de veto y el gobierno de Colom pronto comenzó a sentirla.[20] El gran empresariado apresuradamente rechazó tajantemente la propuesta gubernamental de imponer precios topes a los artículos de la canasta básica, inició la ofensiva en torno a una posible reforma tributaria, y demandó

19. En 2008, Guatemala había subido en el Índice de corrupción del lugar 111 al 96 (CERG, 22-29/9/08).

20. Debo el apelativo de "familias imperiales" al ingenio del sociólogo Guillermo Paz Cárcamo.

la cancelación del impuesto extraordinario y temporal de apoyo a los Acuerdos de Paz (IETAAP) (Solís, 2008: 4, 8). Esto último pese a que Guatemala tiene una carga tributaria de las más bajas del mundo, no obstante los esfuerzos que se han hecho por elevarla del 8.8% del PIB en 1995 a 12% en 2006, según las nuevas cuentas nacionales año base 2001 (Sánchez, 2007: 32).

La cúspide empresarial fue llamada por el vicepresidente de Alfonso Portillo, Francisco Reyes López, la "supercúpula empresarial" (Solís, 2008: 4). No es ninguna casualidad que este apelativo haya surgido del segundo funcionario gubernamental de mayor rango en dicho gobierno. La administración de Portillo se caracterizó por expresar también intereses de un grupo empresarial emergente, tuvo un apetito de autonomía con respecto a dicha "supercúpula" y por tanto las relaciones entre su gobierno y la primera fueron a menudo ríspidas. Un estudio inédito nos habla de aproximadamente 21 corporaciones empresariales, aunque se habla de que en realidad son ocho las más poderosas, el llamado G-8 (Solís, 2008: 4).[21] Los tradicionales cafetaleros fueron sustituidos por

21. El estudio inédito al que nos referimos es el que escribió un joven economista de 24 años quien llevó por nombre Marco Antonio Sánchez García. El trabajo, presumiblemente insumo para un estudio del PNUD Guatemala, es una excelente radiografía de la clase dominante guatemalteca. En la bibliografía de este trabajo lo citamos como "grupos económicos de poder en Guatemala" aunque el manuscrito no lleva título. Desgraciadamente Marco Antonio Sánchez García fue acribillado a balazos el 13 de junio de 2007 en la ciudad de Guatemala. Un perfil del joven economista, circunstancias de la ejecución extrajudicial e indignadas denuncias pueden

un empresariado que se ha expandido por Centroamérica y el Caribe, aportan el 18.7% del PIB. A estos se agrega el grupo de exportadores no tradicionales que ya se ha mencionado páginas atrás que contribuyen con el 78% de las exportaciones frente a la 22% de las exportaciones tradicionales de café, azúcar, banano y cardamomo. Dentro de estas exportaciones tradicionales destacan los "zares del azúcar", que controlan 14 ingenios y que han crecido aceleradamente en materia de exportaciones en las últimas tres décadas mientras los cafetaleros se han estancado en el nivel que tenían en 1980 (Sánchez, 2007: 32).

Las más poderosas dentro de las 21 corporaciones empresariales que constituyen la "supercúpula" parecen ser las siguientes:

a) *Corporación Multi-Inversiones.* Alimentos, banca, energía, construcción, bienes raíces. Más de 300 empresas y 32 mil empleados en Centroamérica, República Dominicana, Ecuador, Estados Unidos de América, México, España Indonesia y China. Familias Gutiérrez Mayorga, Bosch Gutiérrez.
b) *Grupo Pantaleón.* Azúcar, café, energía, banca, telecomunicaciones con inversiones en Nicaragua. Familia Herrera.
c) *Corporación Castillo Hermanos.* Alimentos, bebidas, cerveza, banca, centros comerciales. 83 empresas con operaciones en toda Centroamérica. Familias Castillo Love y Monge Calderón.
d) *Grupo Cobán.* Café, hule, cardamomo, banca y seguros, lácteos y calzado. Familia Torrebiarte.
e) *Grupo Cementos Progreso.* Cemento, construcción,

consultarse en Valdés de Arias, 2006; Sas, 2007; Mendoza, 2007 y Fernández, 2007.

energía y transporte. Asociados al grupo suizo Holcim, sus intereses se han expandido a Honduras y El Salvador. Familias Novella, Torrebiarte Novella, Melville, Lemcke, Springmuhl y Dougherty.

f) *Grupo Campollo.* Azúcar, banca, energía, petróleo, bienes raíces, palma africana, etanol. Inversiones en Costa Rica y República Dominicana. Familia Campollo Codina.

g) *Grupo Botrán.* Azúcar, finanzas, energía, bienes raíces y licores. Familia Botrán.

h) *Grupo La Fragua.* Supermercados, banca y bienes raíces. Asociados ahora a Wal-Mart Stores Inc. Familia Paiz.

i) *Grupo Molina.* Aceite Vegetal, banano, ganado, piña y palma africana. Se encuentran entre los mayores exportadores de banano y palma africana de Latinoamérica. Exportaciones a toda Centroamérica y el Caribe. Plantaciones bananeras en Guatemala y Costa Rica. Familias Molina, Molina Botrán.

j) *Grupo González.* Televisión, radio, cines, restaurantes. Más de 30 canales de televisión y cadenas de radio en América Latina a través de Televide Services Inc. con sede en Miami.

k) *CABCORP (Central American Beverage Corporation.* Bebidas y cerveza. Primos y competidores de la Corporación Castillo Hermanos. Se han expandido a El Salvador, Honduras y Nicaragua y asociados con la mayor cervecería del Brasil, la AmBey. Familias Castillo Monge, Castillo Sinibaldi.

l) *Grupo Buena.* Importación de pollo, carne de res, azúcar. Es la principal competencia de los Gutiérrez-Bosch, a quienes les arrebató el 15% del mercado avícola nacional y les compite en toda Centroamérica. Familia García Granados.

A las anteriores corporaciones hay que agregar nueve más: Familia Leal Pivaral (azúcar, energía y etanol, banca, café, ganadería, bienes raíces); Corporación AG, familia Abularach (acero, banca y energía), Grupo Köng Hermanos (jabón, detergentes, shampoo, cosméticos); Familia Vila (azúcar, energía, banca, bienes raíces); Grupo Liztex, familia Habie (textiles, energía, banca, hotelería, centros comerciales, bienes raíces); Grupo Koramsa, familias Klose y Arias Maselli (maquila, banca y bienes raíces); Familia Neutze Aycinena (seguros, bienes raíces y empresas de taxi); Familia González (café, banca, exportación de flores, bienes raíces), Francisco Alvarado Macdonald (agricultura, lácteos y aceites, finanzas, bienes raíces, distribución de autos) (Sánchez, 2007: 4-12).

Los poderes ocultos

Por poderes ocultos se entiende en Guatemala a las redes informales y amorfas de individuos poderosos que se sirven de sus posiciones y contactos en los sectores públicos y privado para enriquecerse a través de actividades ilegales y protegerse ante la persecución de los delitos que cometen (Peacock y Beltrán, s/f: 6). La historia de los *poderes ocultos* en Guatemala, probablemente tenga que ver con una tradición contrainsurgente, que fue constituyendo estructuras informales de represión e inteligencia y terminaron convirtiéndose en grupos ilícitos de interés.

Resulta difícil hacer una historia precisa de los

poderes ocultos, por la propia naturaleza de sus actividades. Los informes que sobre ellos se pueden consultar, sean escritos u orales, a menudo son contradictorios y excluyentes. Se sabe que *La Cofradía* fue organizada por los militares contrainsurgentes Manuel Callejas y Callejas y Francisco Luis Ortega Menaldo a partir de una estructura clandestina que operaba en el Ministerio de Finanzas Públicas para detectar tráfico de armas y municiones destinadas a las organizaciones guerrilleras (Peacock y Beltrán, s/f: 20). Mientras alguna versión menciona como jefe de *La Cofradía* al general Ortega Menaldo, otra más le asigna tal conducción al general Manuel Callejas y Callejas. *El Sindicato* en cambio surgió de una suerte de fraternidad horizontal en el seno de los militares egresados de la Escuela Politécnica (colegio militar) en el año de 1973. Su organizador y principal animador es el propio general Otto Pérez Molina aun cuando también se menciona a otro militar de nombre Roberto Letona Hora. Las dos principales organizaciones clandestinas que operan en el país, *La Cofradía* y *El Sindicato* también consolidaron su existencia a partir de encontradas visiones contrainsurgentes. Los militares que fundaron *La Cofradía*, una suerte de fraternidad secreta dentro del ejército, eran partidarios de la *guerra total* contra la insurgencia y fueron conocidos como los *estratégicos* (Peacock y Beltrán, s/f: 20). Su planteamiento era que la insurgencia solamente sería destruida si se perseguía la "victoria total". Por ello, *La Cofradía* fue reputada como una suerte de logia secreta que agrupaba los militares de inteligencia que se identificaban con la línea dura del ejército, reacia a establecer negociaciones con la insurgencia. Por el contrario, los militares que encabezaba Pérez Molina eran conocidos como los "constitucionalistas", porque eran partidarios de una visión contrainsurgente integral que combinaba elementos políticos y militares (Polanco, 2007: 19, 20; Peacock y Beltrán, s/f: 24). No en balde el general Pérez Molina sería el delegado del ejército en la comisión gubernamental que finalmente firmó los acuerdos de paz con la insurgencia en diciembre de 1996. *Estratégicos* y *constitucionalistas* volvieron a enfrentarse, como ya se vio antes, en el contexto del autogolpe intentado por el presidente Serrano Elías en 1993. Esto consolidó enemistades y rivalidades.

Sin embargo, con el transcurso del tiempo, ambos grupos también tuvieron rasgos en común: en tanto que ambos grupos estaban constituidos por militares genocidas, hicieron uso de sus influencias para mantener la impunidad en lo que se refiere a los crímenes de lesa humanidad en los que estuvieron involucrados. Como producto de esa necesidad, a mediados de la década de los noventa del siglo pasado, surgió públicamente la Asociación de Veteranos Militares de Guatemala (AVEMILGUA), también asociada al general Callejas (Peacock y Beltrán, s/f: 57). En julio de 2008, circuló profusamente un documento que llevaba su logotipo y que era firmado por los generales Luis Felipe Miranda Trejo y José Luis Quilo Ayuso, en el cual asociaban a Colom y a su esposa Sandra Torres con la subversión nacional e internacional y terminaban exhortando al golpe de estado (AVEMILGUA, 2008).[22] Hay que agregar que ambos grupos se asociaron a civiles que estaban involucrados en actividades de crimen organizado como el narcotráfico y el contraban-

22. AVEMILGUA denunció posteriormente el documento como apócrifo.

do y sus integrantes se enriquecieron inexplicablemente (GAM, 2007).[23] Un documento anónimo hecho circular por Internet en el momento del proceso electoral de 2007, ponía como líderes de *El Sindicato* a los generales Otto Pérez Molina y Eduardo Arévalo Lacs (ex ministro de la Defensa). El documento vinculaba a la organización con redes de robo de vehículos, contrabando y contenía una lista de militares vinculados al narcotráfico, cercanos al Partido Patriota. Entre ellos Giovanni Pacay, miembro del equipo de estrategia e inteligencia de la campaña de Pérez Molina.[24]

Como puede advertirse la política en Guatemala transita por una pista a la luz pública, pero también existe una carretera subterránea, constituida por las estructuras clandestinas que operan dentro y fuera del Estado. Durante el gobierno de Berger, en el seno del Ministerio de Gobernación se constituyó una de esas estructuras dedicada a combatir el crimen y que se asumía estaba dirigida por Víctor Rivera, un ex agente de la CIA de origen venezolano, que venía de

23. Ejemplo conspicuo de ello es el vínculo de *La Cofradía* con la red de contrabando de Alfredo Moreno Molina que terminó en un escándalo cuando en septiembre de 1996 el gobierno de Arzú, pasó a retiro a 27 oficiales (entre ellos Ortega Menaldo, Rojas y Salam). Las cabezas de *La Cofradía* fueron rehabilitadas durante el gobierno de Portillo, período en el cual ejercieron gran influencia. (Peacock y Beltrán, s/f: 24-37, 45).

24. El documento hecho correr por Internet lleva el título de "Cinco grupos clandestinos dominan el crimen organizado en Guatemala". Pacay fue asesinado el 29 de septiembre del 2007 como lo consigna otro documento de la misma índole que lleva por título "Redes del crimen organizado. La verdad sobre la muerte de Pacay".

la contrainsurgencia y el combate al crimen organizado en El Salvador. Atacado por el Partido Patriota en el marco de la campaña electoral, Rivera fue cesado por el gobierno de Colom el 31 de marzo de 2008. La razón de su despido fue que éste último tenía que deshacerse de una estructura auspiciada por un sector de la cúspide empresarial. Ocho días después fue asesinado (Solano, 2008: 45, 46; Prensa Libre, 2008). Como parte de esa política subterránea, también se produjo un alineamiento de las dos organizaciones clandestinas con los dos principales candidatos del proceso electoral de 2007. Era obvio que integrantes de *La Cofradía* corrían gran peligro si Pérez Molina, líder de *El Sindicato* ganaba la presidencia. Acaso fue por ello que se unieron a la campaña de Colom como ya ha sido mencionado anteriormente. Durante los primeros ocho meses de la gestión de Colom, al ser designado Carlos Quintanilla jefe de la SAAS y convertirse en un poder formidable dentro del gobierno, Ortega Menaldo y su grupo lograron infiltrarse nuevamente en el corazón del Estado.[25]

El bloque en el gobierno, heterogeneidad y conflicto

El equipo de gobierno del presidente Colom, es expresión de la compleja red de alianzas de las que se ha

25. Otra versión sobre *El Sindicato* recogida por el autor no le asigna la importancia que comúnmente se le da puesto que estaría integrada solamente por los oficiales de la promoción 73 de la Escuela Politécnica. *La Cofradía* estaría integrada por militares de distintas promociones de la escuela militar.

hablado en páginas anteriores. En el plano de la clase política, el gobierno cuenta con un sector que viene de la socialdemocracia cuyas figuras más conspicuas serían Fernando Fuentes Mohr (asesor presidencial), Juan Alberto Fuentes Knight (ministro de Finanzas), Luis Zurita (secretario de Relaciones Interinstitucionales), Haroldo Rodas (ministro de Relaciones Exteriores), Edgar Rodríguez (ministro de Trabajo). El gobierno también cuenta con el concurso de antiguos militantes de la izquierda revolucionaria, provenientes de las distintas organizaciones de la URNG, ANN, EG así como de organizaciones de la sociedad civil, principalmente en derechos humanos. Figuras destacadas serían Arnoldo Villagrán (viceministro de Gobernación), el sustituto de Carlos Quintanilla en la SAAS (Ricardo Marroquín Rosada), Orlando Blanco Lapola (SEPAZ), Carlos Barreda (viceministro de Finanzas), Ruth del Valle (Comisión Presidencial de Derechos Humanos) e integrantes del Consejo Asesor de Seguridad como Sandra Muralles, Fernando Girón y Claudia Samayoa (Solano, 2008: 11, 12, 13, 20; CEG, 21-28/7/08). Un tercer sector, más influyente que los otros dos, es el que representa a los empresarios que fueron financistas de Colom: Rafael Espada (vicepresidente), Gustavo Alejos Cámbara (secretario privado de la presidencia), Luis Alejos Olivero (ministro de Comunicaciones, Infraestructura y Vivienda), Carlos Meany (ministro de Medio Ambiente), Roberto Dalton Matheu (Consejo de Desarrollo Rural). Finalmente en la Presidencia del Congreso, Roberto Alejos Olivero (Solano, 2008: 11, 55-57; El Periódico, 2007).[26]

26. Otra figura importante en el Congreso fue el ex rector de la Universidad de San Carlos, Eduardo Meyer, quien incluso

Durante el primer año de la gestión de Colom, en el plano de la operatividad del gobierno, se observaron tres centros de poder además del ejercido por el presidente. En primer lugar aquel que ha desplegado Sandra Torres a través de la Secretaría de Obras Sociales de la Esposa del Presidente (SOSEP) y de la coordinación del Consejo de Cohesión Social, dependencias estratégicas en función de la obra social y del asistencialismo. Torres es considerada una eficaz operadora política y poseedora de un proyecto político (FUNDADESC, 2007; Solano, 2008: 45, 46; Fundación Mack, 2008a; 2008b; Bravo, 2008). Un segundo centro de poder está ubicado en el secretario privado de la presidencia, Gustavo Alejos Cámbara, representante como vimos de un importante grupo de financistas de la campaña de Colom. Enfrentado con el poder cultivado por Sandra Torres, se encontraba Carlos Quintanilla, empresario de agencias de seguridad y hombre de Ortega Menaldo (Fundación Mack, 2008b). Desde la Secretaría de Asuntos Administrativos y de Seguridad (SAAS), controlaba las estructuras de inteligencia y seguridad del gobierno, ejercía influencia sobre el Ministerio de la Defensa y en un momento intentó influir en el recambio del ministro de Gobernación, cuando éste y su viceministro fallecieron en un accidente el 27 de junio de 2008 (Fundación Mack, 2008b). Además, al parecer tenía influencia o alianza con Gustavo Solano, el titular de la Secretaría de Asuntos Estratégicos (Fundación Mack, 2008a) y también con el propio secretario privado de la presiden-

---

lo presidió. Pero Meyer cayó en desgracia como consecuencia de un escándalo financiero que ha sido calificado de corrupción (Gereda, 2008).

cia (Solano, 2008: 43, 44). En síntesis el representante más evidente de uno de los *poderes ocultos*, extendía una red que amenazaba con cercar al presidente.

El conflicto intergubernamental más conocido en este primer año de gobierno de Colom aconteció con lo hecho por éste para deshacerse de Quintanilla y del grupo que representaba. En primer lugar, después de la muerte accidental del ministro y viceministro de Gobernación, el propio presidente y sectores rivales de Quintanilla, lograron atajar las presiones de éste para ubicar en el Ministerio de Gobernación a alguien de su influencia. Finalmente en dicho ministerio fue nombrado Francisco Jiménez, un funcionario independiente y reacio a "los flujos de poder que penetran y cooptan estructuras de gobierno" (Fundación Mack, 2008a). Como viceministro fue nombrado Arnoldo Villagrán, antaño *comandante Daniel Ruiz* de las Fuerzas Armadas Rebeldes (FAR), organización que fuera integrante de la URNG (Bauer Paiz, 2008a). El nuevo ministro de Gobernación removió rápidamente a dos de los hombres de Quintanilla, uno de los viceministros de gobernación y al jefe del Comando Antisecuestros (El Periódico, 2008b).[27] Un segundo momento sucedió a fines de julio, cuando en el contexto de rumores de golpe de estado (CEG, 28/7-3/8/08), el presidente removió a cinco altos jefes militares, entre ellos al jefe del Estado Mayor de la Defensa y al inspector general del Ejército, ambos también allegados a Quintanilla (Quinto, 2008; El Periódico, 2008b; CEG, 28/7-3/8/08).[28] Una versión, indicó que los relevos

27. Es de hacer notar que el Ministerio de Gobernación en este gobierno ha sido volátil en cuanto a sus titulares.

28. Hay que recordar que el documento atribuido a AVEMILGUA

se dieron días después de una reunión de Colom con Pérez Molina y que los militares que ocuparon los cargos de los destituidos, eran cercanos a este último (Rodríguez, 2008).

De ser cierto esto, Colom se habría aliado circunstancialmente al antiguo enemigo de *La Cofradía* para deshacerse de quien se había sindicado como su representante. Finalmente, el 4 de septiembre, Colom destituyó a Quintanilla de la jefatura de la SAAS y a Gustavo Solano, jefe de la Secretaría de Asuntos Estratégicos (SAE) y denunció que él y su esposa estaban siendo espiados con grabadoras y cámaras ocultas (CEG, 1-7/9/08; Fundación Mack, 2008b). Desde el lugar donde se escondió, supuestamente Quintanilla habría enviado un correo electrónico a Colom acusando a Sandra Torres de haber montado la intriga que lo hizo caer en desgracia. Según este correo, Torres usaría su triunfo para su carrera presidencial y para meter más "comanches" (comunistas) en el gobierno (Palmieri, 2008).

Los cambios observados en el bloque del gobierno en el primer año de gestión, sugieren una conflictividad producto de la heterogeneidad, pero también un posible afianzamiento de un sector que adversa a los representantes de la guerra sucia y el crimen organizado.

---

en el que se exhortaba a un golpe de estado fue hecho circular el 28 de julio de 2008, un día antes de la destitución de los cinco altos mandos militares. Héctor Rosada, ex funcionario gubernamental y analista político implicó a la extrema derecha empresarial, representada en la Cámara del Agro, en el referido pronunciamiento (Rodríguez, 2008).

El partido, alcances y límites

El programa de la UNE puede calificarse como expresión de una socialdemocracia moderada. El lema fundamental de la campaña sintetizó dicha moderación: "Mercado hasta donde sea posible, Estado cuando sea necesario" (COS, 2007: 10, 13). De acuerdo con Luis Zurita, representativo de la ideología socialdemócrata dentro del partido, la UNE se guiaría durante su gobierno por los principios de libertad, igualdad, justicia social y solidaridad y establecería un equilibrio entre mercado y Estado, aun cuando el lema de campaña de su partido pareciera poner énfasis en el primero. Según Zurita, el mercado "con responsabilidad social" sería el motor fundamental del crecimiento económico y se complementaría con un Estado fuerte, democrático y legítimo (Solano, 2008: 31-32).

En su programa de campaña la UNE se autodefinió como socialdemócrata y heredera de la revolución del 20 de octubre de 1944, tributaria de los principios de la revolución francesa y respetuosa de la cosmovisión maya. Concibió al Estado como el garante de la prestación universal y gratuita de servicios públicos, la distribución del ingreso, el desarrollo rural, la seguridad social, la inversión física y productiva, la estabilidad macroeconómica, el crecimiento económico y del empleo. Y sabiendo que tocaba un tema neurálgico para los distintos sectores empresariales, propuso un pacto social que antecedería al pacto fiscal, para una eventual reforma tributaria sin comprometerse claramente en que fuera una de carácter integral (COS, 2007: 10, 13, 15). En materia de salud pública y asistencia social, propuso que al final de su mandato (2012), el ministerio correspondiente disponga del

2.7% del PIB, pero en el contexto del llamado Plan Visión de País, que deja a la iniciativa privada el control de los hospitales y la salud pública a través de un Consejo Nacional de Salud en el cual participarían el CACIF, las empresas de seguros y los sanatorios privados (COS, 2007: 19). Propone también un Consejo Nacional de Educación que coadyuvara a generar la política educativa del Estado en el marco de un proyecto de descentralización (COS, 2007: 20).

En materia de empleo, plantea la orientación de las remesas familiares hacia la fundación de empresas campesinas, cooperativas y otras asociaciones productivas y en las ciudades, la capacitación y reconversión del sector informal y de desempleados además del auspicio de pequeñas y microempresas (COS, 2007: 22). En materia de seguridad, la UNE planteó un sistema de seguridad ciudadana que involucraría a la ciudadanía en generación de información y acciones de inteligencia (COS, 2007: 27). Finalmente en lo referente a los pueblos mayas y xinca, la UNE se pronunció entre otras cosas por la educación bilingüe, la búsqueda de una forma apropiada para la aplicación del derecho consuetudinario, oportunidades educativas para los indígenas, respeto a los lugares sagrados mayas y la espiritualidad maya, más diputados indígenas y mayor representación indígena en las instituciones estatales (COS, 2007: 32). Las mismas líneas de trabajo están expresadas en el Plan de Gobierno de Álvaro Colom: reactivación económica con responsabilidad social, cero tolerancia a la delincuencia y a la corrupción, respeto a los derechos humanos, erradicación del hambre y la pobreza, interculturalidad (basado en los Acuerdos de Paz), desarrollo sostenible y universalidad en los derechos de género, niñez, juventud, tercera edad y grupos vulnerables.

El ideario del partido, el programa de campaña y el plan de gobierno reflejan una congruencia de objetivos y fundamentan el que la UNE y el presidente Colom se autodefinan como socialdemócratas. Lo que se ha puesto en duda es si el partido es consistentemente socialdemócrata. En cambio, la UNE ha sido calificada como "ideológicamente amorfa" y de militancia y liderazgos "volátiles" (FUNDADESC, 2007). En una época en que los partidos ideológicos prácticamente han desaparecido y han sido sustituidos por grupos de interés que buscan llegar al gobierno para aprovechar el poder en función de la acumulación de riqueza, la UNE en términos generales no escapa a esta caracterización: más bien "es la confluencia de diversidad de intereses que se aglutinaron ante la expectativa de tener acceso a las mieles de la gestión gubernamental y a las áreas estratégicas del Estado, y no por un proyecto político e ideológico que amalgame el trabajo de sus miembros" (El Observador, 2008a: 1)

IV. Las políticas públicas, rupturas y continuidades

Probablemente el signo más importante del gobierno de Colom sean las señales contradictorias que envían sus alianzas, la composición de las fuerzas que se encuentran presentes en las distintas instancias gubernamentales, y como consecuencia de todo lo anterior, las políticas públicas que en este primer año de gestión se han instaurado. Examinemos algunas de ellas.

Los megaproyectos

Álvaro Colom asume la presidencia en el contexto mundial de la globalización neoliberal. Aunque ha expresado críticas a la misma (Inforpress, 1644), el sector social que lo apoyó en su lucha por la presidencia y las alianzas que tejió con la cúspide empresarial, permiten pensar que impulsará grandes proyectos de acumulación capitalista que beneficiarán a la clase empresarial en general y en particular a la que participa directamente en su gobierno. Entre estos llamados megaproyectos, ocupa un lugar dilecto, el de la Franja Transversal del Norte (FTN) que comprende a los departamentos de Quiché, Alta y Baja Verapaz, Izabal y Petén. Durante la época de las dictaduras militares, la Franja Transversal del Norte fue escenario de despojos agrarios realizados por los altos mandos militares y sectores empresariales. Hoy la FTN es vista como una zona de potencialidades petroleras, explotación de minerales metálicos, construcción de hidroeléctricas, plantación de monocultivos, construcción de carreteras (corredor pacífico de la FTN y carreteras aledañas) y hasta operaciones de narcotráfico. Salvo esta última, es de esperar que el nuevo gobierno auspiciará grandes inversiones locales y extranjeras en todas estas ramas (Anónimo, 2008; Reina, 2008).

Pero los megaproyectos no se agotan en la FTN. En el marco del llamado Plan Puebla Panamá, del Tratado de Libre Comercio entre República Dominicana, Centroamérica y Estados Unidos de América (RD-CAFTA), del Sistema de Integración Energética para Centroamérica y Panamá (SIEPAC), y el eventual Acuerdo de Libre Asociación de Centroamérica con la Unión Europea (ADA) (Reina, 2008: 4), a la FTN se agregan otros megaproyectos. Tales son la reconversión y ampliación de los puertos de Santo Tomás de Castilla, San José, Champerico; remodelación de los aeropuertos La Aurora y de Petén; construcción de otros dos en la costa sur y Quetzaltenango; las hidroeléctricas de Xalalá y Renace II (Reina, 2008: 3, 4; El Observador, 2008b: 3). A esto habría que agregar la exploración minera y petrolera en los departamentos de San Marcos, Huehuetenango y la FTN; la minería a cielo abierto y los proyectos de refinerías en la costa sur y el oriente del país. También el turismo a gran escala y concesión para el manejo privado y explotación de zonas ecológicas, zonas protegidas y sitios arqueológicos, desarrollo de nuevos monocultivos de gran escala (palma africana, caña de azúcar, piñón y maíz). Cabe esperar, que para poder establecer estos nuevos ejes de acumulación capitalista de gran escala, vendrán las expropiaciones de tierras campesinas e indígenas, yacimientos acuíferos y la expansión de formas expoliadoras de empleo rural (Reina, 2008: 3, 4).

Las señales de alarma ya se han empezado a sentir. En agosto de 2008, Fatimata-Binta Victoire Dah, presidente del Comité para la Eliminación de la Discriminación Racial de la ONU, envió un informe a la Alta Comisionada de los Derechos Humanos de Naciones Unidas emplazando al Estado de Guatemala por los daños sobre la población maya, garífuna y xinca por la construcción de megaproyectos como la hidroeléctrica de Xalalá, la cementera en San Juan Sacatepéquez y la exploración y explotación minera de la canadiense Mayan Niquel en Santa María Cahabón, Alta Verapaz (Reina, 2008: 6).

El enfrentamiento de la protesta popular

Además de la presente renuencia empresarial para asumir la deuda social, el gobierno de Colom enfrenta los efectos acumulados de una historia de expoliación. Es Guatemala una sociedad de desigualdades extremas y sus índices de pobreza son notables. Según datos de la Secretaría de Planificación y Programación de la Presidencia de la República (SEGEPLAN), el 51% de la población viven en estado de pobreza y otro 15-16% vive en pobreza extrema, lo que arrojaría un total de 66-67% viviendo en precariedad (Solís, 2008: 25, 26). La medianas y grandes corporaciones empresariales que en 2005 representaban el 1.35% del total de empresas registradas en el país, concentraban casi el 40% del PIB. Los asalariados reciben el 32% del ingreso nacional, lo cual puede ser entendido si lo comparamos con un país vecino, Costa Rica cuyos asalariados perciben el 48%, o España país en el cual perciben el 42% (Sánchez, 2007: 3). Otros indicadores también son desalentadores: en julio de 2008, un informe del PNUD revelaba un atraso de 20 años en materia de salud pública (CEG, 28/7-3/8/08). El nunca resuelto problema agrario desde la contrarrevolución de 1954, acumula más de millar y medio de conflictos agrarios entre los cuales se pueden observar conflictos laborales, usurpación de tierras ancestrales, problemas de servidumbre de paso, acceso al agua, generación de frontera ambiental, disputas de linderos, presión poblacional, ocupación para obtención de tierras (Samayoa, 2008: 76).

El alza de precios del petróleo en 2008 y luego los efectos de la crisis que se inició en Estados Unidos de América hizo que en julio de ese año, la inflación alcanzara su nivel más alto desde 1993 (CEG, 7-13/7/08; 4-10/8/08; Escobar Sarti, 2008). En ese mes noticias periodísticas daban cuenta de 90 mil empleos perdidos por la crisis, especialmente en el ramo de la construcción (El Periódico, 2008a). Y mientras esto sucedía, en septiembre se reportaba que Estados Unidos de América había deportado en ocho o nueve meses a más 20 mil indocumentados guatemaltecos del medio millón que ya vive en ese país (CEG, 22-29/9/08). Los altos precios de los combustibles, la restricción del crédito y la pérdida del poder adquisitivo de los consumidores afectaba a los concesionarios de vehículos, la construcción, las ventas inmobiliarias, la industria de la comida rápida. El icono de la industria textil guatemalteca, Cantel de Quetzaltenango, había cerrado sus puertas después de 128 años de existencia. La crisis también había obligado a cerrar 12 maquilas con una pérdida de 7 mil empleos, mientras otras 20 maquilas se encontraban en peligro, además de la crisis por pérdida de competitividad, sobre todo ante China (El Periódico, 2008a).

Ante esta situación el gobierno de Colom prorrogó hasta diciembre el subsidio para el transporte urbano (CEG, 26/8-1/9/08) y en la Comisión Paritaria del Salario Mínimo, pese a que no hubo acuerdo entre los trabajadores y la patronal, el delegado del Ministerio del Trabajo votó a favor del aumento del salario mínimo (CEG, 1-7/08). Pero en Guatemala existen muchos motivos para la protesta popular además de la carestía de la vida. Un informe de la Unidad de Protección de Defensores y Defensoras de Derechos Humanos en Guatemala (UDEFEGUA) ofrece una reseña de las protestas populares que se han observado ya en el período de Colom (UDEFEGUA, 2008: 10-16).

Resulta claro que son los despojos y la contaminación que provocan los megaproyectos el eje articulador de la resistencia popular.

a) Formas locales organizadas que se expresan en los consejos comunitarios de desarrollo local (COCODE), alcaldes y dirigentes locales que luchan contra despojos agrarios, contaminación y actos represivos.
b) Resistencia organizada a nivel municipal como los Consejos Municipales de Desarrollo Urbano y Rural (COMUDE) que han propiciado las consultas vecinales para oponerse a megaproyectos.
c) Asociaciones territoriales, mesas departamentales y frentes de resistencia contra megaproyectos y sus efectos ambientales.
d) Organizaciones y federaciones campesinas como el Comité de Unidad Campesina (CUC), la Coordinadora Nacional Indígena y Campesina (CONIC) y la Coordinadora Nacional de Organizaciones Campesinas (CNOC) que ya tiene como eje estratégico la resistencia a los megaproyectos.
e) Acciones coordinadas de carácter territorial en la creación de frentes nacionales y regionales contra los megaproyectos.
f) Encuentros nacionales para la defensa de los recursos naturales.
g) Formas de resistencia espontánea: bloqueos de carreteras, plantones, manifestaciones, ocupaciones de instalaciones y toma de rehenes para manifestarse y presionar a la negociación.

En los últimos tiempos las luchas que han captado la atención nacional son el frente de resistencia contra las minas a cielo abierto en el departamento de San

Marcos; la resistencia a la construcción de la hidroeléctrica de Xalalá; la lucha del pueblo de San Juan Sacatepéquez contra la instalación de una cementera en el lugar; las ocupaciones de tierras ociosas de fincas en los departamentos de Alta Verapaz, Escuintla y Guatemala; la resistencia contra la compra abusiva y despojo de tierras por parte de corporaciones interesadas en la palma africana, caña de azúcar y piñón en Coatepeque, Petén y Alta Verapaz; el amotinamiento de varias comunidades en Livingston, Izabal, por problemas agrarios; manifestaciones contra la instalación de minas de níquel en Cahabón, Alta Verapaz y finalmente la declaración del pueblo Huista en contra de la instalación de minas en esa región de Huehuetenango (Anónimo, 2008; UDEFEGUA; 2008: 13, 16).

Diversos análisis y pronunciamientos de organizaciones populares han acusado al gobierno de Colom de criminalizar la protesta popular y con ello preferir soluciones represivas a negociadas (El Observador, 2008a: 1; Samayoa, 2008): la detención del mediador en el conflicto de Livingston en febrero de 2008; cerco por policía, ejército y marina de las comunidades en dicho lugar y muerte de uno de sus habitantes en el mes de marzo; cerco militar, declaratoria de estado de emergencia y arresto de 42 personas en San Juan Sacatepéquez en junio; desalojo violento de ocupantes de una finca en ese mismo mes en Fraijanes.[29]

29. Inforpress, 2008; Consejo de los Pueblos, 2008; CUC, 2008; Anónimo 2008; Asociación Maya, 2008.

Seguridad pública

En febrero de 2006, Álvaro Colom expresó que agarraría la seguridad desde el primer minuto de su gobierno y que a los seis meses, cualquier persona debería estar caminando de su casa al trabajo sin problema (Inforpress, 1644). Afirmación aventurada para un Estado virtualmente fallido como el de Guatemala que tiene la segunda tasa de homicidios en Centroamérica (45.2 por cada 100 mil habitantes) después de El Salvador (CEG, 28/7-3/8/08), que ocupa después de Rusia el segundo lugar mundial de femicidios (Mansilla, 2008), en el que más de 600 menores mueren anualmente por armas de fuego (CEG, 22-29/9/09) y con una ineficacia y corrupción judicial que ocasiona que el 93% de los casos no avancen (CEG, 8-14/9/08).

El primer año de gobierno mostraba un panorama que distaba mucho de lo que Colom esperaba en 2006. En los primeros seis meses de los que alguna vez hablara el ahora presidente, la Policía Nacional Civil reportaba 15,226 hechos delictivos, es decir, 830 casos más que 2007, lo que representaba un aumento del 5.4%, aumento que confirmaba el Grupo de Apoyo Mutuo (CEG, 4-10/8/08, 8-14/9/08). Se calculaba de acuerdo con informes del Instituto Nacional de Ciencias Forenses (INACIF) que al final del año se contabilizarían aproximadamente 6 mil muertes violentas (Fundación Mack, 2008b), previsión que finalmente se quedó corta pues tal cifra ascendió a 6,338 (CEG, 12-18/1/09). En junio ya habían sido asesinadas 290 mujeres (CEG, 4-10/8/08), por lo que se esperaba que fácilmente al fin de año, el país alcanzaría la cifra anual de entre 400 y 500 femicidios (CEG, 8-14/9/08). Esta cifra también fue ampliamente superada: en 2007 fueron asesinadas 590 mujeres y en 2008 tal número ascendió a más de 669 (CEG, 18-24/11/08; CEG, 8-14/12/08). En septiembre el GAM anunció que hasta ese mes 91 pilotos de autobuses urbanos habían sido asesinados por delincuentes y *maras* (bandas juveniles) que los obligan a pagar "impuestos" (CEG, 16-22/9/08). La cifra final fue de 135 pilotos y 35 ayudantes asesinados durante 2008 (CEG, 20-26/10/08; CEG, 22-29/9/09). En materia de narcotráfico, Guatemala presenciaba una feroz lucha por territorio entre los capos locales y el brazo armado del mexicano cartel del Golfo –*los zetas*–. En septiembre éstos últimos ya tenían bajo su control los departamentos de Huehuetenango, Alta Verapaz, Petén, Quiché en el norte, de San Marcos en el sur occidente, así como parte de la ciudad de Guatemala (CEG, 22-29/9/08).

La Policía Nacional Civil estaba virtualmente colapsada y el presidente tuvo que nombrar a un nuevo jefe, en este caso una mujer, Marlene Blanco Lapola, quien inició su gestión con la destitución de 15 comisarios y 2 subcomisarios (CEG, 22-29/9/08). Esta medida le dio continuidad a la purga de 412 elementos realizada en febrero (Instituto de Ciencia Política, 2008) y a otra más de 50 en junio (16-22/6/08). La estrategia contra la delincuencia común, el crimen organizado y en particular el narcotráfico parece ser fundamentalmente militar. En los mismos departamentos que según se afirma ya están controlados por *los zetas,* se emplazará una nueva fuerza antinarcóticos ("los batallones verdes") apoyada por las agencias estadounidenses antidrogas (DEA) y la División de Asuntos Antinarcóticos (NAS) (CEG, 22-29/9/08). Se convertirá a una unidad de elite denominada Guardia Presidencial en un grupo especial antinarcóticos

(Agencia EFE, 2008b). Y con el descontento de muchos sectores, se reabrió una base militar en Izabal, y se ha iniciado un proceso que aumentará en 10 mil el número de soldados en el ejército (CEG, 1-7/9/08; 22-29/9/08). El reclamo de los adversarios de incrementar los efectivos del ejército, se centró en que esto volvía a colocar a las fuerzas armadas en una situación de poder que ya se creía del pasado (Fundación Mack, 2008b; Cabañas, 2008c).[30]

La reforma tributaria

En 2006 Álvaro Colom se mostraba cauteloso en el tema tributario. Sabía muy bien que era neurálgico y que cualquier paso en falso podía serle contraproducente en la lucha por la presidencia. Se pronunció entonces por no tocar los impuestos durante los primeros 24 meses de su eventual gobierno y luego buscar un pacto fiscal (Inforpress, 1644). En el contexto de su campaña, Colom expresó que la carga tributaria adecuada para Guatemala sería del 28% del PIB (Cabañas, 2008b). En su cautela inicial, probablemente tenía en mente la experiencia del entonces presidente Berger, que pese a ser un presidente empresarial, agobiado por el déficit fiscal de 14 mil millones de quetzales (aproxi-

30. Son significativas las observaciones que ha recibido el autor con respecto a un aumento de la influencia del ejército después de varios años de haber visto mermado su poder en el contexto posterior al conflicto interno. La distancia del gobierno de Colom con respecto a la gran burguesía tradicional del país y la crisis de seguridad lo habrían llevado a depender más de lo previsto en las fuerzas armadas.

madamente 1,870 millones de dólares), convocó a un pacto fiscal del cual salió el ya mencionado Impuesto Extraordinario y Temporal de Apoyo a los Acuerdos de Paz (IETAAP). Éste se iría reduciendo hasta desaparecer al final del período gubernamental (Sánchez, 2007: 22). En las vísperas de la segunda ronda electoral, el CACIF y la Cámara de Comercio ya habían advertido que no aceptarían que el IETAAP fuese extendido más allá de lo pactado en 2004 (Inforpress, 2007b). Finalmente se logró que se extendiera hasta el 31 de diciembre de 2008 (CEG, 4-10/8/08).

Pese a que como ya se ha dicho, Guatemala tiene una de las cargas tributarias más bajas del mundo (12% del PIB) y la más baja de todos los países analizados por Standard & Poors, el empresariado guatemalteco es beligerante en que dicha carga sea la más baja posible. El argumento es que los impuestos tiene efectos recesivos en la economía. En octubre de 2007, Roberto Sifón Arévalo –analista de Standard & Poors– aseveraba que la evasión fiscal en Guatemala se observaba sobre todo en las grandes empresas del país (Solís, 2008: 6). A mediados de 2008, la Superintendencia de Administración Tributaria (SAT) informaba que la evasión fiscal ascendía a 1,400 millones de quetzales (aproximadamente 187 millones de dólares) (CEG, 23-30/6/08). También afirmaba que la recaudación tributaria mostraba una tendencia decreciente desde 2005 (CEG, 4-10/8/08). El tiempo corría y el IETAAP entraba en su fase final de vigencia. Urgía pues la reforma tributaria.

Según el viceministro de Finanzas Públicas, Carlos Barreda, el espíritu de la misma se venía gestando desde el 2006 en el Grupo Promotor del Diálogo Fiscal. En el espíritu de los acuerdos en ese grupo se propondría una reforma de carácter integral al impuesto sobre la renta. Además, el combate a la evasión fiscal y el fortalecimiento del impuesto al valor agregado (IVA). Con estas medidas se perseguía llegar a una carga del 13.2% del PIB, 1% más de lo que ya existía, 2 mil millones de quetzales que se destinarían al gasto social (Solís, 2008: 25, 26). Finalmente la propuesta del ejecutivo fue entregada en agosto al legislativo por medio del ministro de Finanzas, Juan Alberto Fuentes Knight (CEG, 4-10/8/08). En lugar de la propuesta inicial expresada por Barreda de elevar en 1% la carga tributaria y contar con 2 mil millones adicionales, la propuesta final era un tímido aumento de entre 0.2 y 0.5% del PIB lo que significaba un ingreso adicional de entre 560 y 1,400 millones de quetzales (CEG, 12-18/8/08). Por debajo de lo inicialmente perseguido. Muy por debajo de aquel 28% soñado por el candidato de la UNE. Para un observador de la situación nacional, la propuesta entregada por Fuentes Knight revelaba la correlación de fuerzas entre el débil sector socialdemócrata del gobierno y su sector empresarial (Cabañas, 2008b). Aun así, la propuesta fue rechazada por el CACIF y otros sectores empresariales, no obstante el riesgo señalado por Fuentes Knight de que un decrecimiento económico podría bajar la carga tributaria a 11.3% en 2009 si no se aprobaba la reforma (CEG, 16-22/9/08)

En octubre de 2008, no había un acuerdo con respecto a la reforma tributaria. El ex presidente Vinicio Cerezo había recordado que en su período él quiso hacer una reforma fiscal y le costó dos intentos de golpe de Estado (Cabañas, 2008b). En Guatemala se recordaba cómo en 1970, el padre de Fuentes Knight, Alberto Fuentes Mohr, había querido hacer una reforma fiscal y le había costado el salir defenestrado del gabinete. Cuatro décadas después, los grandes empresarios se habían modernizado, pero su rapacidad seguía incólume.

Asistencialismo y desarrollo rural

En su discurso de toma de posesión, Álvaro Colom expresó que el cambio que significaría su gobierno empezaría por darle prioridad a los que menos tenían. Con su gobierno empezaría el privilegio de los pobres, el privilegio de los sin oportunidad (Solano, 2008: 9). Lo que cualquiera en el gobierno sabía es que si se quería tener una oportunidad de continuidad después del 2012, debía tenerse una coherente oferta social. Impedido de hacer reformas estructurales de carácter social, el gobierno de Colom encontró en la política asistencialista y en el desarrollo rural el instrumento para dicha oferta social. Es allí donde Sandra Torres, la esposa del presidente, puede jugar un papel estratégico desde el Consejo de Cohesión Social, como también lo puede jugar el programa de desarrollo rural, ambos dirigidos a los municipios más pobres del país. La importancia del asistencialismo para el gobierno de Colom puede empezar a avizorarse cuando se sabe que el proyecto de presupuesto entregado al Congreso para el año 2009, asciende a 49,723 millones de quetzales, de los cuales se asignarán 2,800 millones al Consejo de Cohesión Social. Esto significa entre el 5 y 6% del presupuesto del gobierno, un mayor presupuesto que los ministerios de Relaciones Exteriores, Defensa Nacional, Economía, Trabajo, Energía y Minas, Cultura y Deportes y el de Ambiente. El presupuesto del Consejo de Cohesión Social ejecutará siete programas en 2009, entre ellos los de "Mi Familia Progresa" y "Mi Escuela Progresa". El Banco Interamericano de Desarrollo contribuirá con un préstamo de 2,600 millones de quetzales (350 millones de dólares) (CEG, 1-7/9/08). La idea de "Mi Familia Progresa" es darle dinero a las familias en extrema pobreza a cambio de que envíen a sus hijos a la escuela y que atiendan su salud (CEG, 22-29/9/08). Habiéndose adherido el gobierno de Colom el 13 de julio de 2008 a la iniciativa energética regional Petrocaribe, el país tendrá la oportunidad de pagar el 60% de 20 mil barriles diarios de combustible en un plazo de 23 años con una tasa anual de 1%. El dinero obtenido por la venta del combustible se destinará a dos megaproyectos, la carretera de la Franja Transversal del Norte y un ferrocarril que cruzará al país desde México hasta El Salvador. Lo que es importante resaltar aquí a propósito de Petrocaribe, es que también se destinará parte del dinero recaudado con ese programa a programas de combate a la extrema pobreza (CEG, 7-13/7/08).

Además de los dos programas ya mencionados, el asistencialismo contempla el programa de "bolsas solidarias" con productos de la canasta básica que también son distribuidas a familias pobres y con gran descontento de algunos sectores, el reparto lo está haciendo el ejército (CEG, 7-13/7/08; 1-7/9/08). Un programa más es el de los "comedores solidarios" que brindan desayunos y almuerzos subsidiados, además de un programa de instalación de clínicas médicas que atenderán a madres, niños y ancianos (CEEG, 8-14/9/08). Un programa temporal para enfrentar la crisis alimentaria es el de "Intervenciones en Seguridad Alimentaria y Nutricional en Tiempos de Crisis", que tiene el propósito de entregar alimentos básicos a 80 mil familias de los municipios más pobres del país (CEG, 1-7/9/08).

Finalmente habrá que mencionar al Programa de Desarrollo Rural, que a través del Consejo de Desarrollo Rural dirige Roberto Dalton Matheu, el millonario rey de los fertilizantes en Guatemala (Solano, 2008: 45, 46). El programa fue lanzado en septiembre y tendrá como objetivos modernizar al campo y fomentar la productividad de los alimentos (CEG, 8.14/9/08). Como parte de este objetivo, el gobierno ha reactivado en junio una ley de 1974 que obliga a los terratenientes a dedicar el 10% de sus terrenos al cultivo de los granos básicos (Agencia EFE, 2008a).

V. Palabras finales

Al finalizar cabe preguntarse por el sentido del gobierno de Álvaro Colom. Desde su propia perspectiva, después de la elección de Evo Morales en Bolivia, en América Latina habría una tendencia evidente hacia proyectos socialdemócratas y socialcristianos. Una oscilación hacia el centro-izquierda moderado que ha sido provocado por la política neoliberal que ha agudizado la pobreza en la región (Inforpress, 1644). Su gobierno estaría enmarcado en esta tendencia, que por cierto está a la izquierda de la derecha neoliberal empresarial o de la derecha neoliberal contrainsurgente de Guatemala. Con respecto a esta última ha mandado mensajes simbólicos que no es posible desconocer y que lo deslindan claramente de ella. No podría esperarse menos del sobrino de Manuel Colom Argueta, uno de los mártires de la socialdemocracia guatemalteca. En agosto de 2008 pidió perdón a unos 700 familiares de las víctimas del terrorismo de Estado en Quiché por los crímenes cometidos por el Estado durante el conflicto interno, al tiempo que les daba un resarcimiento económico (Gobierno de Guatemala, 2008b). En octubre de 2008, le fue entregada póstumamente la Orden del Quetzal al mártir estudiantil Oliverio Castañeda de León y pidió perdón en nombre del Estado por su infame asesinato. Colom ha reivindicado a la revolución de 1944 y a Jacobo Árbenz, el derrocado presidente en el contexto de la contrarrevolución de 1954. Más allá de simbolismos, su ruptura con uno de los *poderes ocultos* que se enquistó en el gobierno es un indicio alentador.

Su deslinde con respecto a la derecha neoliberal empresarial es menos enfático y por ello es posible ubicarlo a la derecha de Evo Morales, Rafael Correa y Hugo Chávez. El peso de una opulenta y reaccionaria burguesía que ha impuesto una cultura expoliadora y oscurantista, marca los límites de un gobierno que se asume socialdemócrata.[31] Las adversidades de un Estado fallido o a punto de serlo, la descomposición social que ha generado el conflicto interno y el neoliberalismo, todo ello le da un carácter incierto a la voluntad reformadora que este gobierno blasona. En efecto, resulta exagerado el calificativo de fascista

31. Cabe mencionar que entre las observaciones más recurrentes que ha recibido el autor de este trabajo se encuentra la duda con respecto a la calificación del gobierno de Colom como socialdemócrata. Sus políticas públicas moderadas y el peso ínfimo de los socialdemócratas en dicho gobierno son los argumentos más socorridos.

que se le ha endilgado (PGT, 2008). Ciertamente su asistencialismo lo distingue de la derecha mencionada, para quien ese uso del gasto social no es más que populismo. Pero su gobierno está claramente enmarcado en un proyecto de acumulación capitalista que beneficiará a los sectores emergentes del empresariado con los cuales se identifica, a las cúspides empresariales a las cuales les debe favores y finalmente a las corporaciones transnacionales con las cuales ni puede ni quiere enfrentarse. Por otra parte, su adhesión a los nuevos ejes de acumulación que se perfilan en los megaproyectos inscritos en la globalización neoliberal, lo están llevando a enfrentarse con las resistencias sociales que tales megaproyectos generan. Y en este enfrentamiento le ha dado continuidad a la criminalización de la protesta popular.

He aquí pues, las posibilidades, los límites y las incertidumbres de una moderada voluntad reformadora en un país que durante siglos ha ahogado reformas y revoluciones.

Bibliografía

Agencia EFE

2008a "Guatemala obligará a los terratenientes a cultivar granos básicos. El objetivo es garantizar la seguridad alimentaria del país". Agencia EFE, Guatemala, 4 de junio.

2008b "La Guardia Presidencial de Guatemala se convertirá en unidad antidroga". Agencia EFE, Guatemala, 30 de abril.

Anckermann, Alfredo

2007 "Escenarios, actores y realidades en la negociación de la segunda vuelta electoral del 4 de noviembre". *El Observador Electoral* No. 5, año 1, Guatemala, 1 de octubre. <www.idegt.org>.

Anónimo

2008 *Incursión militar a comunidad indígena y ejecución extrajudicial de Mario Caal Bolón, Ensenada de Puntarenas, Livingston Izabal.* Comunicado, Guatemala, Marzo.

Asociación Maya Uk' U'x B'e

2008 *Socialdemócrata y sacerdote maya.* Comunicado, Guatemala, junio.

AVEMILGUA. Asociación de Veteranos Militares de Guatemala

2008 *Manifiesto público y compromiso con la patria.* Guatemala 28 de julio del 2008.

Bastenier, M. Á.

2008 "Guatemala, ¿estado fallido? El español Carlos Castresana, presidente de la Comisión Internacional contra la Impunidad, dirige la lucha para hacer del país un auténtico Estado de derecho". *El País,* Madrid 21 de enero.

Bauer Paiz, Alfonso

2008a "Nombramientos bien recibidos", *La Hora,* Guatemala, 14 de julio.

2008b "Por qué no acepté la distinción de la Orden del Quetzal". *La Hora*, Guatemala 27 de octubre.

Bravo, Mario Alfonso
2008 *Testimonio sobre Álvaro Colom Caballeros*. Manuscrito inédito enviado al autor.

Cabañas, Andrés
2008a "El sin-debate fiscal". *Memorial de Guatemala. Visión crítica de la realidad Centroamericana. Otra Centroamérica es posible*. No. 105, publicación electrónica. Guatemala, septiembre.
2008b "Reformas en el olvido". *Memorial de Guatemala. Visión Crítica de la realidad Centroamericana. Otra Centroamérica es posible*. No. 103, publicación electrónica.
2008c "Coyuntura incremento de efectivos militares: el triunfo de la mano dura". *Memorial de Guatemala. Visión crítica de la realidad Centroamericana. Otra Centroamérica es posible*. No. 105, publicación electrónica. Guatemala, septiembre.

Campaña Alternativa del Pueblo
2007a "Ante la falta de alternativa popular: abstención o voto nulo" Guatemala, 21 de septiembre. Publicado en la revista electrónica *Albedrío*, año 4 – 2007. <www.albedrio.org>.
2007b *La clase trabajadora y el pueblo guatemalteco ante un falso dilema*. Guatemala, 31 de noviembre. <http://alternativadelpueblo.blogspot.com>.

CEG. Centro de Estudios de Guatemala
2003 *Boletín Semanal de noticias La Semana en Guatemala*. Distintos números. <http://ceg.org.gt>.
2008 *Boletín Semanal de noticias La Semana en Guatemala*. Distintos números. <http://ceg.org.gt>.

COS. Colectivo de Organizaciones Sociales
2007 *Menús electorales con mucha retórica, mucho ruido y pocas nueces Elecciones 2007 Análisis de los Programas de Gobierno*. Guatemala.

Colom, Álvaro / UNE
2008 *Plan de Gobierno.* Guatemala, <www.une.org.gt>.

Consejo de los Pueblos de San Marcos, Plataforma Agraria, Encuentro Campesino y Waqib' kej
2008 *Demandamos* (Comunicado). Guatemala, K`at 8 de agosto.

CUC. Comité de Unidad Campesina
2008 *Ejército desaloja extrajudicialmente y tiene cercadas a 122 familias campesinas.* Guatemala 30 de junio.

El Observador
2008a "Editorial". *El Observador*, año 3, Nos. 11 y 12 Análisis alternativo sobre política y economía. Guatemala, febrero-abril. <www.aselobs.org>.
2008b "Editorial". *El Observador*, año 3, No. 14, Análisis alternativo sobre política y economía. Guatemala, septiembre. <www.aselobs.org>.

El Periódico
2007 "Redes de influencia en torno a los candidatos presidenciales". *El Periódico*, Guatemala, 7 de octubre.
2008a "Crisis económica o leve desaceleración. El Banco de Guatemala habla de una leve desaceleración de la economía, los empresarios perciben síntomas de crisis". *El Periódico,* Guatemala 31 julio.
2008b "Colom releva a miembros del alto mando del Ejército". *El Periódico*, Guatemala, 30 de julio.

Escobar Sarti, Carolina
2008 "Costo de la vida en Guatemala: polvorín". *Prensa Libre*, Guatemala, 24 de mayo.

Fernández, Dina
2007 "Exijo una explicación. No acepto que el silencio cubra el asesinato de Marco Antonio Sánchez". *El Periódico*, Guatemala, 27 de junio.

Frente Nacional de Lucha en Defensa de los Servicios Públicos y los Recursos Naturales (FNL)
2008 *Sigue corriendo la sangre de dirigentes.* Guatemala, 22 de septiembre.

Fundación Myrna Mack
2008a *La muerte trágica de Vinicio Gómez puso en relieve procesos inadvertidos y crea condiciones que los convierten en políticas de Estado.* Guatemala, julio.
2008b *La inestabilidad institucional y el aumento de la confrontación caracterizan la situación actual.* Guatemala, septiembre.
2008c *¿Cuál es el verdadero riesgo, Señor Presidente?* Guatemala, 25 de abril.

FUNDADESC Anónimo
2007 "¿Quién es quién en la carrera electoral?" Guatemala, 4 de junio. <http://www.fundadesc.org/InformeG/debate.htm>.

GAM. Grupo de Apoyo Mutuo
2007 *Sospechoso enriquecimiento de militares.* Comunicado del 22 de junio.

Gobierno de Guatemala
2008a "Presidente se compromete a eliminar desnutrición infantil". *Noticias.* Guatemala, 27 de agosto. <http://www.guatemala.gob.gt/noticia.php?codigo=1130&tipo=1>.
2008b "Presidente pide perdón a víctimas del conflicto armado en Quiché". *Noticias.* Guatemala, 28 de agosto. <http://www.guatemala.gob.gt/noticia.php?codigo=1136&tipo=1>.

Gereda Valenzuela, Sylvia
2008 "La cabeza de Meyer debe rodar". *El Periódico.* Guatemala 8 de junio.

Inforpress Centroamericana
2006 *Entrevista con Álvaro Colom.* Edición 1644. Guatemala 17 de febrero.
2007a "Elecciones 2007: ¿avanza la democracia?" *Inforpress*

Centroamericana, edición 1721. Guatemala 14 de septiembre.

2007b "Guatemaltecos eligen sexto gobierno civil." *Inforpress Centroamericana*, edición 1729. Guatemala, 9 de noviembre.

2008 "Protesta contra cementera tensa ambiente antiminero". *Inforpress Centroamericana*, edición 1755. Guatemala, 6 de junio.

Instituto de Investigaciones Políticas y Sociales "Dr. René Eduardo Poitevin Dardón"

2008 *Análisis de la situación nacional.* Escuela de Ciencia Política, Universidad de San Carlos de Guatemala. Guatemala, abril.

La Gotera

2007a *¿Por qué votar nulo o abstenerse en esta elección?* La Gotera, Año 6, No. 11, Guatemala, junio.

2007b *Noviembre, mes de difuntos: Cuando los muertos entierran a sus muertos. Desmitificación del sistema democrático liberal burgués.* La Gotera, Año 6, No. 18, Guatemala, noviembre.

López Ovando, Olga

2008 "Hace críticas y señalamientos". *Prensa Libre*, Guatemala, 8 de octubre.

Militares Nacionalistas de Guatemala

2007 *Comunicado.* Guatemala, julio.

Mansilla, María

2008 "El país del silencio". *Página 12*, Buenos Aires 15 de agosto de 2008. <http://www.pagina12.com.ar/diario/suplementos/las12/index-2008-08-10.html>.

Mendoza, Carlos A.

2007 "Desafortunado Marco: víctima de la violencia a los 24 años". *The Black Box. La Bitácora Económica y Política de Centroamérica.* Archivado bajo Política de Guatemala, The Black Box. Guatemala, 18 de junio. <http://cabi.com/blackbox/>.

Modak, Frida

2007 "¿Volverán los militares a gobernar Guatemala?" *Siempre!,* México D. F. Octubre. <http://www.siempre.com.mx/2836frida.htm>.

Palmieri, Jorge

2008). "Necesaria aclaración del presidente Colom". *Jorge Palmieri.com. Informaciones y opiniones de un veterano periodista.* Guatemala, 7 de septiembre.

Peacock, Susan C. y Adriana Beltrán

s/f *Poderes ocultos. Grupos ilegales en la Guatemala pos conflicto y las fuerzas detrás de ellos.* Washington Office for Latin American Affaires (WOLA).

PGT-CC. Comisión Política del Partido Guatemalteco del Trabajo

2008 *Saludo de año nuevo del Partido Guatemalteco del Trabajo.* Guatemala, 10 de enero.

PGT. Partido Guatemalteco del Trabajo

2008 *La política fascista de gobierno de Colom "el entreguista".* Guatemala, 15 de octubre.

Polanco, Mara Luz

2007 *La participación de la élite económica en el proceso de transición a la democracia. Reseña del período 1982-2007.* Instituto de Investigaciones Económicas y Sociales de la Universidad de San Carlos de Guatemala (USAC). Guatemala.

Prensa Libre

2008a "Editorial". *Prensa Libre,* Guatemala, 8 de octubre.

2008b "La última entrevista a Víctor Rivera". *Prensa Libre,* Guatemala 9 de abril.

Quinto, Ricardo

2008 "Álvaro Colom releva al jefe del EMP". *Prensa Libre,* Guatemala, 30 de julio.

Reynoso, Connie

2008 "La sombra del FRG campea en el Estado". *Prensa Libre,* Guatemala, 9 de octubre.

Reina, Carmen
2008 "Retos de la participación ciudadana en la construcción democrática: un enfoque en el desarrollo local y la resistencia por los recursos naturales". *El Observador*, año 3, No. 14, Análisis alternativo sobre política y economía. Guatemala, septiembre. <www.aselobs.org>.

Red por la Paz y el Desarrollo de Guatemala (RPDG)
2007 "Un futuro incierto: Los resultados de las elecciones de Guatemala del 9 de septiembre". *Guate-análisis No. 6*. Septiembre.

Rezéndiz, Francisco
2007 "El fantasma detrás del poder en América Latina". *El Universal*, México D. F. 28 de enero.

Rodríguez, Martín
2008 "Ejército: Presidente empieza a cerrar filas". *Prensa Libre*, Guatemala, 4 de agosto.

Sabino, Carlos
2007 "Elecciones presidenciales en Guatemala". *ARI* No. 119/2007. Real Instituto Elcano. 14 de noviembre.

Samayoa, Claudia Virginia
2008 "Cuando se pasa la Frontera en la lucha". *El Observador*, año 3, Nos. 11 y 12 Análisis alternativo sobre política y economía. Febrero-abril. <www.aselobs.org>.

Sánchez, Marco Antonio
2007 *Grupos de poder económico en Guatemala*. Guatemala.

Sas, Luis Ángel
2007 "Sin pistas de los asesinos del economista". *El Periódico*, Guatemala, 13 de junio.

Seguridad en Democracia
2008 *Preocupantes hechos de inseguridad contra el entorno de defensores y defensores de Derechos Humanos*. Boletín, Guatemala, 30 de julio de 2008.

Serrano, Pascual
2007 "Unión Europea: elecciones guatemaltecas, 'un ejemplo magnífico'", *Rebelión*, septiembre. <www.rebelion.org>.

Solano, Luis
2008 "Los círculos de poder en el gobierno de Álvaro Colom y de la Unidad Nacional de la Esperanza (UNE)". *El Observador*, año 3, Nos. 11 y 12 Análisis alternativo sobre política y economía Febrero-abril. <www.aselobs.org>.

Solís, Fernando
2008 "El gobierno de Álvaro Colom y la Unidad Nacional de la Esperanza (UNE): Una lectura política". *El Observador*, año 3, Nos. 11 y 12 Análisis alternativo sobre política y economía Febrero-abril. <www.aselobs.org>.

UDEFEGUA. Unidad de Protección a Defensoras y Defensores de Derechos Humanos de Guatemala
2008 "La tendencia creciente de la criminalización del movimiento social guatemalteco". *El Observador*, año 3, No. 14, Análisis alternativo sobre política y economía. Guatemala, Septiembre. <www.aselobs.org>.

UNE. Unión Nacional de la Esperanza
2007 *Ejes centrales del programa de gobierno*. <www.une.org.gt>.

URNG. Unidad Revolucionaria Nacional de Guatemala
2007 *Sobre las elecciones del 9 de septiembre y nuestra posición política para la segunda vuelta*. Guatemala, 19 de septiembre.

Valdés de Arias, Mirja
2006 "El afortunado Marco Sánchez". *El Periódico*, Guatemala, 24 de septiembre.

Izquierda y gobierno en los países andinos. ¿Populismo o revolución?[1]

Introducción

En los primeros años del siglo XXI hemos observado procesos políticos que resultan notables en tres de los países andinos: Venezuela, Bolivia y Ecuador. Al menos cuatro rasgos los diferenciarían del que se manifiesta en Chile, país que también es andino y en el que una coalición de partidos en el gobierno se presenta a sí misma como de centro izquierda. El primero de estos rasgos es que se observa una crisis profunda de la hegemonía neoliberal en el seno de la sociedad, el segundo radica en que como consecuencia de lo anterior se percibe una notable movilización social y protesta popular, el tercero consiste en que estos movimientos sociales se han convertido en movimientos políticos y han logrado triunfar en procesos electorales que los han llevado a los gobiernos de sus

1. La versión inicial de este trabajo fue presentada en las *I Jornadas de Análisis Político Críticas. Repensando cuarenta años desde mayo del 68*. Departamento de Ciencias Políticas y de la Administración de la Facultad de Ciencias Sociales y de la Comunicación de la Universidad del País Vasco. Bilbao, 14 y 15 de noviembre de 2008.

países. Finalmente, el cuarto rasgo se encuentra en que paulatinamente transitan de una práctica antineoliberal a un objetivo estratégico de carácter anticapitalista.

He aquí la explicación del título de este trabajo y el por qué en éste no se incluye a Chile. En Chile es más fuerte la continuidad neoliberal que la ruptura, al extremo de que la conclusión a la que puede llegarse es que los casi veinte años de gobierno de la Concertación de Partidos por la Democracia, no son más que una segunda fase del neoliberalismo (la primera fue la de la dictadura de Pinochet), durante la cual éste no solamente ha continuado sino se ha expandido (Gómez Leyton, 2008: 168). A diferencia de los tres países mencionados, en Chile se observa una sólida hegemonía neoliberal al extremo de que los partidos de centro izquierda que gobiernan en dicho país, han sido calificados de "izquierda neoliberal" (Gómez Leyton, 2007: 9).

Resulta notable que gobiernos y procesos políticos observados en Venezuela, Bolivia y Ecuador sean calificados casi sin discusión alguna como "populistas". Este adjetivo puede tener una versión culta desde la corriente predominante de la ciencia política (por ejemplo en Cansino y Covarrubias, 2006; Freidenberg, 2007) y también tiene una acepción vulgar en la ensayada desde la derecha más enjundiosa (Mendoza, Montaner y Vargas Llosa, 2007). La calificación se complementa con resaltar el carácter autoritario de ese populismo (especialmente en el caso de la Venezuela de Chávez) y por supuesto, con el señalamiento de un dispendio irresponsable del gasto público. En este trabajo ensayaremos otra perspectiva, a contrapunto de la ya mencionada. En estos tres países se está observando una transformación social que es resultado del agotamiento neoliberal en América Latina, transformación que está siendo empujada por una movilización social muy importante, que pone en cuestión a la democracia liberal y representativa y que se plantea la superación del neoliberalismo y el resurgimiento de un horizonte anticapitalista. En el contexto de pos Guerra Fría, en el cual las utopías parecían haber sido desterradas, una de las novedades de los procesos en estos tres países, es que ponen en el imaginario de grandes sectores la idea de revolución.

I.
Las dos izquierdas. Las diferencias y la unidad

En un artículo difundido en mayo de 2008, Immanuel Wallerstein expresó que la cuestión real en América Latina no era si se había movido hacia la izquierda, sino que tan a la izquierda se había movido. En efecto, tal como se empezó a hacer desde el principio de este trabajo, es necesario diferenciar a Chile de los tres casos que nos ocupan. En términos más generales se pueden agrupar las experiencias de la izquierda en el gobierno en América Latina en dos bloques. El primero estaría integrado por Venezuela, Bolivia y Ecuador, y el segundo estaría integrado por Brasil, Paraguay, Uruguay, Argentina, Nicaragua. Si hacemos más flexible aun el concepto de izquierda podríamos incluir a Chile y hasta Guatemala, ahora gobernada por un partido que se concibe como socialdemócrata. Si bien desde la derecha más recalcitrante, todos estos casos pueden ser metidos en un mismo saco, analistas más reflexivos han hecho diferenciaciones desde una óptica de centro izquierda (Petkoff, 2005) o francamente de izquierda (Borón, 2008). Desde esta última perspectiva, la distinción se hace dilucidando cuán decididamente los distintos gobiernos de izquierda en la región muestran su vocación antineoliberal. Es en los tres países andinos que ya se han mencionado, en donde aparece una clara vocación de ruptura con el neoliberalismo. En el resto de los países, los gobiernos de izquierda no han roto con el modelo neoliberal (Sader, 2008c; 2008d). Varias son las políticas en torno a las cuales podría avizorarse una ruptura con dicho modelo: la ruptura con la hegemonía del capital financiero, la supresión de la autonomía del Banco Central con respecto al Estado, disminución de altas tasas de interés usadas para atraer al "peor tipo de capital", retorno a la inversión productiva, las políticas sociales y creación de empleo y la caracterización del papel hegemonista de Estados Unidos de América en la política mundial (Sader, 2008b).

¿Entre la izquierda borbónica y el reformismo avanzado?

Inmerso en la lucha opositora contra Hugo Chávez, Teodoro Petkoff hace la misma distinción pero con otros criterios. Los suyos no tienen que ver con el distanciamiento y ruptura con el neoliberalismo, sino en la diferenciación entre una izquierda reformista avanzada (Lula, Tabaré, Lagos o Kirchner) y una izquierda estridentista, arcaica, falsamente radical y "borbónica" (que como la casa real no olvida pero tampoco aprende), la cual tendría en Fidel Castro y Hugo Chávez a sus figuras más representativas. Petkoff hace una distinción entre una "izquierda buena" y "una izquierda mala". La primera compatibilizaría "la sensibilidad social con la comprensión de que las transformaciones en la sociedad pasan por el desarrollo económico con equidad y por el fortalecimiento y profundización de la democracia". La segunda, no tiene esta concepción y por lo tanto la preocupación social naufraga en las aguas de la inflación, el estancamiento económico o en la dictadura totalitaria (Petkoff, 2005). Petkoff no usa los calificativos de buena y mala, pero sus caracterizaciones conducen inevitablemente a hacer esa distinción.

Alejándonos de la clasificación que ensaya Petkoff y asumiendo que existe una distinción en relación con la ruptura con el modelo neoliberal, cabe pensar que acaso exista un elemento común en casi todos los gobiernos anteriormente mencionados. Éste es el que todos ellos han buscado establecer una distancia con respecto a Estados Unidos de América y el imperio solamente los tolera por su propia decadencia o porque tiene prioridades urgentes en el medio oriente (Wallerstein, 2008). Si esto fuera cierto, la distinción entre los gobiernos de izquierda y los de derecha en América Latina radicaría entre los que apoyan una integración latinoamericana y los que se inclinan por los tratados de libre comercio con la gran potencia norteamericana (Sader 2008c). En términos más específicos, la distinción entre la derecha y la izquierda estaría dada entre los que privilegian la relación con dicha potencia asumiendo como inevitable un rol subordinado y dependiente y los que le apuestan a iniciativas como el Banco del Sur (BANSUR), el mercado común suramericano (MERCOSUR) la Alternativa Bolivariana de las Américas (ALBA), la Unión de Naciones Suramericanas (UNASUR), el gasoducto continental (Sader, 2008d) una emisora televisiva regional (Telesur) (Sader, 2007) y aun un eventual Consejo de Defensa Suramericano (Zibechi, 2008). Se trata entonces de encontrar mecanismos que disminuyan la influencia de Washington en la región, que le den viabilidad a la soberanía política y a la independencia económica de todos estos países. No obstante, en el fondo estas iniciativas también están vinculadas a la lucha por romper con el neoliberalismo: sustentado nada más en sus propias fuerzas y recursos ningún país está en las posibilidades de desmantelar al neoliberalismo y sustituirlo por otra política económica.

Izquierda y derecha, la nueva frontera entre ellas

El sólo hecho de que en Latinoamérica se plantee ahora un propósito de independencia frente a Estados Unidos de América, implica un cambio sustancial en lo que ha sido la política exterior de los países de la región. No en balde Washington ha clasificado a los países latinoamericanos entre aquellos que están dispuestos a seguir una "agenda positiva" y aquellos que se inclinan de manera moderada o radical por una integración regional que menoscabe la influencia del primero en la región (Del Río, 2008). La diferenciación entre gobiernos de derecha e izquierda radicaría precisamente entre los que están por la "agenda positiva" y los que no lo están. Nuevamente es necesario distinguir entre estos últimos en relación a los énfasis que ponen. Los tres países andinos que nos ocupan no disimulan un discurso antiimperialista y sus propósitos de rescate, expropiación y usufructo de recursos estratégicos (Del Río, 2008). Evo Morales por ejemplo, hace una enumeración de los puntos a debate para la izquierda latinoamericana entre los cuales está luchar por lograr un mundo sin imperialismo ni colonialismo (Morales, 2008). No existe este discurso en los gobiernos de izquierda restantes.

Sea a través de una moderación en la práctica antihegemónica con respecto a Estados Unidos de América o a través de un discurso y práctica abiertamente antiimperialista, la política exterior regional que se observa hoy en América Latina, no hubiese sido posible si Chávez se hubiera quedado aislado como en efecto lo estaba en 1999, cuando asumió la presidencia de Venezuela. Desde ese momento hasta la actualidad, Lula ganó la presidencia de Brasil en 2002, Kirchner lo hizo en 2003, Tabaré Vázquez triunfó en 2004, Evo Morales en 2005, Rafael Correa y Daniel Ortega en 2006, Cristina Fernández en 2007, Fernando Lugo en 2008 y finalmente Mauricio Funes en El Salvador en 2009. Un nuevo escenario regional está instalado y pesa tanto que hasta países centroamericanos se han vinculado a la iniciativa de Petrocaribe (Guatemala) y aun al ALBA (Honduras). Es de llamar la atención que el presidente Colom de Guatemala haya dicho que ha llegado el momento de "mirar al Sur" y que su gobierno se adherirá al MERCOSUR (CEG, 28/10-3/11/2008).

Justo es decir que buena parte de este nuevo escenario latinoamericano le corresponde a la política exterior del gobierno de Chávez. Haciendo uso de la fortaleza que le da ser un país petrolero, el gobierno de Chávez ha impulsado iniciativas como la recuperación de precios del petróleo y la reactivación del papel de la Organización de Países Exportadores de Petróleo (OPEP). Esto ha significado mayor renta petrolera para Venezuela y aun cuando no está en cuestión el que su principal mercado seguirá siendo Estados Unidos de América, el hecho cierto es que la mayor parte del incremento de las exportaciones en los próximos años se dirigirán hacia América Latina, Caribe y Asia (Lander y Navarrete, 2007: 28). El propósito de Venezuela de romper la unipolaridad y sustituirla por la multipolaridad ha tenido éxitos importantes. En 2003 logró frenar el ritmo de Estados Unidos de América en sus propósitos de impulsar el Acuerdo de Libre Comercio de las Américas (ALCA) y en noviembre de 2005, cuando supuestamente dicho acuerdo debería haber estado ya funcionando, en el contexto de la IV cumbre de las Américas pareció haber sido sepultado definitivamente (Lander y Navarrete, 2007: 30). En 2006, Venezuela se integra al MERCOSUR como miembro de pleno derecho junto a Argentina, Brasil, Paraguay y Uruguay y firma acuerdos energéticos en el marco del proyecto Petrocaribe con países del Caribe, América del Sur, China y Rusia (Lander y Navarrete, 2007: 31). La Alternativa Bolivariana de las Américas (ALBA) que nació en diciembre de 2004 como un acuerdo bilateral entre Venezuela y Cuba, se ha ido engrosando con la integración de Bolivia (2006), Nicaragua (2007), el acercamiento de Haití y Ecuador (2007) (Sader, 2007), y la incorporación de Honduras (2008). Además de ser un acuerdo alternativo de integración al que representó el ALCA, el ALBA contó entre sus iniciativas la creación de un medio de comunicación alternativo (Telesur) creado en julio de 2005 por Argentina, Cuba, Uruguay y Venezuela (Sader, 2007; Lander y Navarrete, 2007: 30). Hay que agregar también la creación de un Banco del ALBA que se creó ante la demora de la instalación del BANSUR y que cuenta con un capital suscrito de 2 mil millones de dólares. En agosto de 2008, también como consecuencia de la demora del BANSUR, los presidentes de Venezuela y Ecuador anunciaron la creación de un banco de desarrollo para Bolivia, Ecuador y Venezuela (Ortiz y Ugarteche, 2008).

La posibilidad de darle viabilidad a una alternativa posneoliberal radica en buena medida en la posibilidad de romper el cerco financiero impuesto por el Fondo Monetario Internacional (FMI) y el Banco Mundial. Es con este objetivo estratégico que empieza a surgir la idea del Banco del Sur (BANSUR), un banco alternativo que utilizará las reservas existentes para financiar el desarrollo de sus países miembros (Ortiz y Ugarteche, 2008). Junto al BANSUR se piensa formar un Fondo del Sur y existe el propósito de crear una Unidad Monetaria Sudamericana (Romero, 2008). El BANSUR fue oficializado en diciembre de 2007 con un acuerdo suscrito por Argentina, Bolivia, Brasil, Paraguay, Uruguay y Venezuela los cuales acordaron aportar en su conjunto un capital inicial de 7 mil millones de dólares (Romero, 2008). En 2007 el conjunto de reservas de seis de estos a siete países ascendía a 164 mil millones de dólares depositados en bancos de Estados Unidos de América y Europa a bajas tasas de interés, una enorme cantidad de dinero que podría ser usado para el desarrollo de los mismos sin estar sujetos éstos a las condicionalidades impuestas por el FMI y el BM (Tamayo, 2007c). Desacuerdos entre los distintos países que revelan las diferencias entre los distintos gobiernos de izquierda, han retrasado el inicio del funcionamiento del BANSUR. Se observan diferencias entre aquellos que buscan una ruptura con el sistema financiero internacional y otros que ven en BANSUR una nueva fuente de recursos (Romero, 2008). También existen desavenencias con respecto al régimen interno del banco. Las controversias se refieren a si cada país es un voto o si el voto depende del monto que cada uno de los países invirtió y tiene en el banco; si las prioridades de inversión deben estar en los países más pobres o en general en las regiones más pobres; con respecto a prioridades de inversión; tipo de empresas a las cuales se va a financiar; el grado de participación de la sociedad civil en el banco (Ortiz y Ugarteche, 2008).

En mayo de 2008, los 12 países de América del Sur firmaron el Tratado Constitutivo de la Unión de Naciones Suramericanas (UNASUR), otro de los organismos a partir de los cuales la región piensa ganar autonomía frente a Estados Unidos de América. UNASUR se complementaría así con el Consejo de Defensa Sudamericano, un eventual banco central y la moneda única. Particularmente importante resulta que en UNASUR la seguridad regional es la opción preferente frente a la anterior concepción de seguridad panamericana. Brasil y Argentina ya realizaron maniobras militares conjuntas teniendo como hipótesis de guerra la defensa de los recursos naturales frente a una potencia extrarregional (Zibechi, 2008). La hipótesis referida no pone a Estados Unidos de América como posible agresor. La pregunta entonces es ¿por qué no participó en las maniobras referidas?

Como se ve, todos estos procesos no están exentos de las diferencias ideológicas que privan entre los gobiernos de izquierda de la región. La concepción de la integración está determinada por el punto de partida: ruptura o continuidad del modelo neoliberal en el respectivo país. Está determinada también por la disputa hegemónica intrarregional entre Brasil y Venezuela. Pero en medio de todas estas diferencias, existe una diferencia mayor, la que se observa entre los gobiernos que se han adherido a la integración regional que busca multipolaridad y los que mantienen una alianza subordinada con Estados Unidos de América. Así las cosas, no es ninguna casualidad que Colombia se haya opuesto al Consejo de Defensa Sudamericano; y que Colombia, Perú y Chile se hayan opuesto a la creación del BANSUR (Tamayo, 2007c; Zibechi, 2008).

II.
El agotamiento del neoliberalismo y la crisis de la democracia liberal y representativa

Lejos estamos ya de aquel invierno de 1989 cuando Francis Fukuyama en la Universidad de Chicago, dictó la famosa conferencia en la cual postuló el fin de la historia (Fukuyama 1989; 1992). Cuando se evoca tal acontecimiento, no se puede sino pensar que hemos vivido en los últimos 30 años una época de vertiginosas catástrofes de paradigmas que en algún momento se postularon como destinos de la humanidad. En efecto, resulta arcaico y remoto el modelo del socialismo estatalista que en un momento se denominó *socialismo real.* Pero de manera asombrosa, también resulta remoto el optimismo neoliberal de Fukuyama, que no fue sino la expresión del sentir de los grandes poderes triunfantes después del fin de la guerra fría. En el modelo de Fukuyama, la democracia liberal y representativa no eran sino la otra cara de la economía de libre mercado. Eran estos los dos puertos de arribo de la historia de la humanidad. Conviene recordar esto porque en América Latina, y particularmente en los casos que en este trabajo nos preocupan, observamos precisamente la crisis de estos paradigmas.

La gran promesa neoliberal fue que si nos deshacíamos de la constricción estatal, el mercado elevaría la productividad a tales niveles, que el derrame de riqueza inundaría a la sociedad. Un examen somero de las cifras del producto interno bruto per cápita en América Latina nos evidencia que tal promesa no se ha cumplido. Allí radica el agotamiento neoliberal en la región, ahora probablemente consolidado por la actual crisis financiera mundial. Entre 1960 y 1980, la época del modelo desarrollista en la región, el promedio de años con crecimiento negativo del PIB per cápita fue de 3.8. En ese período el país más afectado por tal crecimiento negativo fue Argentina con 6 años, seguido por República Dominicana con 4 años. Si comparamos estas cifras con lo acontecido entre 1981 y 2003, época todavía inconclusa del modelo neoliberal, observaremos que el promedio de años de crecimiento negativo fue de 8.5 siendo los países más afectados Venezuela con 13 de los 22 años comprendidos entre ambas fechas, Argentina con 11 años seguida de Bolivia, Perú y Brasil (10 años), además de México y Uruguay con 9 años (Long, 2008: 161). Los magros resultados neoliberales se ven confirmados cuando se examinan los promedios de crecimiento del PIB en los países latinoamericanos entre 1997 y 2005. Venezuela, Paraguay y los países del Caribe con menos del

2%, a lo sumo el 2%. Uruguay, Brasil, Colombia, Ecuador, México y Argentina con menos del 3%. Guatemala, El Salvador, Honduras y Nicaragua lograron sobrepasar el 3%, mientras que Costa Rica y República Dominicana sobrepasaron el 4%. El país que se ha convertido en el paradigma latinoamericano del neoliberalismo, Chile, llegó a sobrepasar el 5.5% de promedio de crecimiento del PIB en esos 9 años (Long: 2008: 162). Cifra que parece impresionante si se le compara con el resto de los países de América Latina y del Caribe, pero que empalidece si se le contrasta con el 6% de crecimiento promedio del PIB que tuvo México durante el período del desarrollismo (Babb, 2001). A fines del siglo XX y principios del siglo XXI, México presentaba una tasa promedio de crecimiento de 2%, cifra que evidenciaba la mediocridad económica que caracterizó a uno de los gigantes económicos de la región junto a Brasil y Argentina.

Puede aventurarse la hipótesis que son estas cifras magras y su repercusión en las condiciones de vida de millones de latinoamericanos, las que provocaron la crisis hegemónica del neoliberalismo en la región. Dicha crisis hegemónica provocó la crisis de la democracia liberal y representativa en no pocos de los países de dicha región. Puede resultar osada la anterior afirmación, cuando se piensa en el prestigio actual de la democracia liberal y representativa en relación con el que tuvo en el pasado. En efecto hoy el planteamiento predominante es el de que la democracia liberal y representativa es sinónimo de buen gobierno. Pero esta aseveración debe contrastarse, mencionando los ejemplos más evidentes, con la debacle del sistema de partidos políticos que emergió en Venezuela con el *Pacto de Punto Fijo* (Lander y Navarrete, 2007: 9), con el repudio a la clase política que surgió en la Argentina de la sublevación de diciembre de 2001 ("¡Que se vayan todos!"), con el similar repudio que se observó en el Ecuador con motivo de la crisis que precedió a la caída de Lucio Gutiérrez: "¡Que se vayan todos, primero el dictador!" (Paz y Miño, 2007; Tamayo, 2005b), con la emergencia popular observada en Bolivia desde el año 2000.

Un analista de Ecuador, Guillaume Long, ha explorado la relación entre inestabilidad política y crecimiento económico en dicho país y ha desafiado el planteamiento de que la primera ocasiona la desestabilización económica de los países. Más bien se inclina por la afirmación de que es el magro crecimiento económico el que provoca la inestabilidad política, aun cuando en el caso de Ecuador también plantea que el neoliberalismo ha debilitado a las instituciones del Estado y ello ha sido también un factor en la inestabilidad política de dicho país. Podría extenderse esta afirmación a países como México en donde la transición democrática quedó trunca, a Guatemala con un volátil sistema de partidos políticos y a la inestabilidad política que se ha observado en Venezuela, Ecuador, Bolivia, Perú y Argentina. El *caracazo* en la Venezuela de 1989, la rebelión zapatista de 1994, los eventuales fraudes electorales de 1988 y 2006 en México, la sublevación en Buenos Aires de 2001, las *guerras del agua y del gas* en Bolivia en el primer lustro de este siglo, las sucesivas crisis políticas observadas en el Ecuador desde 1997 hasta 2005, y la caída de aproximadamente 16 presidentes por sublevaciones populares en diversos países del área forman parte del saldo negativo del neoliberalismo en materia de estabilidad política.

Si examinamos las repercusiones sociales del neoliberalismo en los países que nos ocupan en este trabajo, veremos que aun cuando la pobreza no necesariamente genera rebeliones, el empobrecimiento acelerado si puede generarlas. En Venezuela entre 1970 y 1997 el ingreso de los trabajadores se redujo a la mitad y el país se convirtió en uno de los más desiguales del mundo (un índice de Gini de 0.62); la declinación del ingreso per cápita entre 1970 y 1998 fue de 34% una de los más brutales de todo el mundo, superior incluso que la de muchos países africanos. No resulta sorprendente cuando se advierten estos datos, que Carlos Andrés Pérez haya llegado a la presidencia por segunda ocasión enarbolando la nostalgia desarrollista, y que la promesa no cumplida haya desatado la explosión social de febrero de 1989. Misma que fue sofocada con la muerte de entre 276 y 366 personas, aun cuando se hable de que en realidad fueron entre dos y tres mil (Lander y Navarrete, 2007: 9, 10). Es posible expresar brevemente los saldos del neoliberalismo en Ecuador: el país se colocó entre los países más desiguales del mundo en tanto Ecuador estaba en la tercera posición más desventajosa en la región (0.57% en el índice de Gini), una pobreza que alcanzaba al 56% de la población con índices de hasta 76% en las áreas rurales, el 26% de los niños menores de 5 años sufrían desnutrición crónica, el desempleo y el subempleo creció (el 57% de la población urbana tenía empleos de baja productividad), se observó el colapso de la seguridad social, creció la inseguridad ciudadana, el trabajo se precarizó y creció notablemente la emigración hacia otros países, particularmente a España (Larrea, Freire y Lutter, 2001; Paz y Miño, 2007). Resulta explicable la pérdida de gobernabilidad.

Entre 1979 y 1996, es decir 17 años, se habían sucedido cinco gobiernos lo que contrasta significativamente con los siete observados entre 1996 y 2006. En siete años hubo siete gobiernos y los tres presidentes electos en dicho lapso, fueron derrocados por amplias movilizaciones populares (Paz y Miño, 2007).

Venezuela y Ecuador comparten el incremento del descontento popular ante el neoliberalismo cuando opciones elegidas y que supuestamente eran alternativas, resultaron un fiasco. Esto sucedió en Venezuela con Carlos Andrés Pérez, y también en Ecuador con el gobierno de Lucio Gutiérrez. Este último abiertamente traicionó los compromisos de campaña y en el primer mes de su gobierno viajó a Washington y firmó una carta de intención con el FMI sin objetar ni una de las 22 condiciones que este organismo financiero le impuso (Salgado, 2003; Acosta, 2003). Las políticas públicas neoliberales implantadas por el gobierno de Gutiérrez y un creciente autoritarismo para hacerle frente a la protesta social, lo llevaron a romper con sus aliados (por ejemplo Pachakutik) (Ferrari, 2004). Gutiérrez se aisló y finalmente enfrentó la rebelión "forajida" que en abril de 2005 lo derrocó (León, 2004; Tamayo, 2005a). En agosto de 2005, Alfredo Palacio, el interino sucesor de Gutiérrez, volvió a traicionar los compromisos adquiridos con el ya notable movimiento social que había derrocado a este último, y empezó a negociar un tratado de libre comercio con Estados Unidos. La remoción del ministro de Economía, Rafael Correa, adversario de la firma de dicho tratado y de la renovación de la concesión a la Occidental Oil and Gas Corporation (OXY) (Báez, 2005a; 2005b) habría de colocar a éste en el favor popular y a la larga lo llevaría a la presidencia de la república.

III.
La rebelión de las masas, el sustrato de la radicalidad

Wallerstein ha presentado como una de las evidencias del giro hacia la izquierda que se está observando en América Latina, el aumento de la importancia política de los movimientos indígenas en toda América Latina, particularmente en México, Ecuador, Bolivia y Centroamérica (Wallerstein, 2008). Acaso podría agregarse que la emergencia social ha colocado a los indígenas en un plano de visibilidad que no tenían antes, pero que también otros actores se encuentran presentes en la conformación de lo popular. Un amplio abanico de sujetos sociales (trabajadores, estudiantes, campesinos, indígenas) participaron en el ascenso popular que culminó en la caída de Fujimori en Perú en el año 2000; trabajadores urbanos y rurales, pobladores de los barrios, se han hecho presentes en movilizaciones decisivas en Venezuela desde 1989; obreros sindicalizados, trabajadores del Estado y desempleados protagonizaron el ciclo de protestas que comenzó en Santiago del Estero en 1993 el cual culminó en el *argentinazo* de diciembre de 2001; comunidades indígenas, cocaleros, pobladores urbanos indígenas, campesinos, mineros, estudiantes y trabajadores, forman parte del mosaico de la rebelión en Bolivia durante el primer lustro del siglo XXI. Los ejemplos podrían multiplicarse.

Puede aventurarse la hipótesis de que en los países en donde la movilización social, la protesta popular, han sido más vigorosas se han generado los gobiernos de izquierda que mayor energía y decisión han mostrado en romper con el neoliberalismo. Esta ruptura ha tenido una manifestación institucional claramente radical en los movimientos que se han observado por instaurar una asamblea constituyente, aprobar una nueva Constitución y por tanto plantearse la refundación del Estado. La posibilidad de hacer todo esto radica en una correlación de fuerzas políticas que está determinada por la amplitud del movimiento social y político que soporta a la voluntad de ruptura con el neoliberalismo.

Es esto lo que observamos en Venezuela, Bolivia y el Ecuador aun cuando haya diferencias en cada uno de esos casos. En Venezuela la protesta desde abajo tuvo un momento fundacional con la sublevación de febrero de 1989, continuó a la par de las dos rebeliones militares de 1992 y finalmente se encauzó en la lucha política de carácter electoral a través del partido *chavista*, el Movimiento Quinta República (MVR). Un recuento hemerográfico de las marchas, cierres de vías, disturbios, quemas y saqueos observados entre 1985 y 1999 nos evidencia una significativa convulsión social: más de 1,500 de estas formas de protesta popular se observaron en esos años (López Maya y Lander, 2008). El *caracazo* de 1989 se había visto precedido de aproximadamente 190 de estas protestas y se vería sucedido de más de 1,200 en los años que le siguieron (López Maya y Lander, 2008). En este contexto, el MRV logró aglutinar a amplio sectores y apoyado por otras fuerzas de izquierda se convirtió en el Polo Patriótico.

En 1998 el arrastre electoral del MVR y el Polo Patriótico era tan grande que los partidos tradicionales

Acción Democrática y COPEI decidieron presentar un candidato único para derrotar a Chávez. No pudieron contener el arrastre de una fuerza que para ese entonces se había convertido en mayoritaria y que ganó las elecciones presidenciales en diciembre de 1998 con el 56% de los votos (Lander y Navarrete, 2007: 20). Desde ese entonces, el movimiento *chavista* o *bolivariano* ha logrado convertir al partido encabezado por Chávez en la fuerza mayoritaria del país: el referendo sobre Convocatoria a Asamblea Constituyente en 1999; elecciones para Asamblea Constituyente (1999), referendo aprobatorio para la nueva constitución, elecciones presidenciales y de gobernadores, elecciones de alcaldes (2000), el referendo revocatorio de 2004, elecciones presidenciales de 2006 y referendos sobre modificaciones a la constitución en 2007 y en 2009. En todos estos procesos electorales el movimiento encabezado por Chávez ha logrado un voto duro que oscila entre 55 y poco más del 60% de los votos emitidos con la excepción del referendo de 2007, cuando descendió a poco más de 49% (Lander y Navarrete, 2007: 20, 51; Woods, 2008). Pero existen otros momentos climáticos de la participación popular en todos estos años de la hegemonía *chavista*: en ocasión del golpe de Estado que depuso a Chávez por 48 horas cuando una amplia movilización popular proveniente de los *barrios* se alió a los sectores constitucionalistas de las fuerzas armadas y lo reinstaló en la presidencia. Y en ocasión del paro petrolero promovido en diciembre de 2002 por la organización empresarial FEDECAMARAS, la televisora RCTV y la capa de altos ejecutivos de la empresa petrolera PDVSA: la organización popular de resistencia al paro, la inmensa mayoría de los trabajadores petroleros y sectores civiles y militares, lograron derrotar el paro petrolero en febrero de 2003 (Lander y Navarrete, 2007: 22).

Cuestión fundamental a dilucidar es el carácter autónomo del movimiento *chavista*. No cabe duda que es un movimiento que tiene fuerzas ascendentes como también líneas descendentes desde el Estado. Éste es un problema que también se puede plantear en los casos de Ecuador y Bolivia, en la medida en que estos dos casos comparten con el venezolano el rasgo de haber sido movimientos sociales, que se convirtieron en movimientos políticos y terminaron siendo gobierno. En este tercer momento, autonomismo y heteronomismo empiezan inevitablemente a coexistir.

En Bolivia, al igual que en Venezuela, se observa un movimiento social que se convierte en movimiento político. En lo que se refiere a la etapa inmediatamente anterior al triunfo electoral de Evo Morales en diciembre de 2005, podemos distinguir tres momentos climáticos. El primero de ellos es el de la *guerra del agua*, que comienza en abril de 2000 y culmina con un triunfo cual es la anulación del proyecto de privatización del agua. Un segundo momento es la *guerra del gas* de octubre de 2003 que culmina con otro triunfo, la renuncia del símbolo del gobierno neoliberal, Gonzalo Sánchez de Lozada, y la derogación de la ley de hidrocarburos. Un tercer momento en junio de 2005, que también culmina con otro triunfo, la renuncia del presidente sustituto, Carlos Mesa. Finalmente en diciembre de 2005, Evo Morales, al frente del Movimiento Al Socialismo (MAS) derrota a Jorge Quiroga, el candidato de la derecha, obteniendo casi el 54% de los votos.[2] Al igual que en Venezuela, la izquierda

2. *La Jornada*, México D. F. 19 de diciembre de 2005.

boliviana enfrenta un adversario formidable con un vasto apoyo social. Si en Venezuela ese apoyo social radica sobre todo en las clases medias y en los sectores altos de la población, en Bolivia la derecha también se expresa territorialmente. El autonomismo de los departamentos de la llamada media luna, se asienta en una suerte de racismo (Sader, 2008a) que en el fondo no es más que una de las manifestaciones de un conflicto de clases. Perdida al menos por el momento la batalla por la mayoría en Bolivia, la derecha busca asentar su legitimidad en la indudable hegemonía que mantiene en los referidos departamentos: en Pando y en Beni el referendo autonómico en junio de 2008, la hizo triunfar con poco más del 80% de los votos (Baspineiro, 2008a). Y habiendo triunfado Evo Morales en el referendo revocatorio del 25 de agosto de 2008 con más del 67% de los votos, en los departamentos de Beni, Pando, Santa Cruz y Tarija también los gobernadores opositores ganaron dicho referendo con aproximadamente dos tercios de los votos (Baspineiro, 2008b). Con estos triunfos la derecha afianza un separatismo que es la aceptación de que ha perdido el país, pero no las regiones que son sus bastiones. Tal cual lo dijo Rubén Costas, el gobernador de Santa Cruz: "como el señor Evo Morales será revocado en Santa Cruz, no vamos a decir que no venga nunca más, que venga pero de paseo porque aquí no va a gobernar" (CEDIB, 2008).

No obstante lo anterior, lo que importa destacar es que habiendo ganado la elección de diciembre de 2005 con 54% de los votos, Evo Morales ganó el referendo revocatorio con más de 67%, un aumento de 13% de su caudal electoral. Ganó en 6 de los 9 departamentos y en 95 de las 112 provincias que existen en el país. Pese a que la mayoría de los prefectos (gobernadores) opositores fueron ratificados, Evo Morales logró ganar en Pando y Chuquisaca, empatar en Tarija y aumentar su caudal electoral en Santa Cruz (41% para el sí) y en Beni (casi 44%) (Congreso bolivariano, 2008c; Baspineiro, 2008 b; 2008c). El triunfo en el referendo revocatorio tuvo varias lecturas. La primera es la de Evo Morales que insiste en el discurso conciliador y de llamado de unidad incluso a los prefectos de la "media luna". Una segunda lectura, es el pronunciamiento del movimiento que lo apoya, de aprovechar el triunfo para insistir en el nuevo referendo, el que finalmente aprobó la nueva constitución en enero de 2009 (Baspineiro, 2008c; Rojas, 2009). La tercera lectura es la de los prefectos y el movimiento que los apoya, que insisten en que el presidente fue revocado en cinco departamentos (Beni, Pando, Santa Cruz, Tarija y Chuquisaca) (Baspineiro, 2008b).

Es de resaltar que los cambios que se buscan en Bolivia no solamente se impulsan con la fuerza que da estar en el gobierno. La movilización social cumple un papel decisivo: la marcha desde Caracollo hasta la ciudad de La Paz observada en la tercera semana de octubre de 2008, formó parte de la correlación de fuerzas implantada para llegar finalmente a un acuerdo negociado sobre la convocatoria a un referendo para aprobar una nueva Constitución (Baspineiro, 2008d; 2008e). Aproximadamente 200 mil indígenas, campesinos y sindicalistas abarrotaron la Plaza Murillo para presionar la convocatoria, la cual finalmente gobierno y oposición acordaron para el 25 de enero de 2009. Habrá elecciones presidenciales, para senadores y diputados el 6 de diciembre de 2009 y Evo Morales no podrá postularse para una reelección en

2014 (Rojas, 2008). Otras cosas más se negociaron, por ejemplo límites a la propiedad y al latifundio, número de senadores, en general alrededor de 100 modificaciones al proyecto original de Constitución (Stefanoni y Bajo, 2008). Esto ha provocado que la disidencia a la izquierda encabezada por Felipe Quispe califique la solución pactada como una traición al movimiento indígena y popular (Comité Político MIP, 2008). Independientemente de estos descontentos, la "salida pactada" que produjo la convocatoria al referendo constitucional, revela que en Bolivia se combina una elevada movilización social con soluciones negociadas que realizan las dirigencias.

Al igual que en Venezuela y Bolivia, en Ecuador observamos una notable emergencia social que refleja la exasperación provocada por el neoliberalismo, el repudio a los partidos políticos y la aspiración a trascender los límites de la democracia liberal y representativa. Al igual que en los otros dos países, la política no se agota en los momentos electorales, sino estos son la continuidad de un vigoroso movimiento social que también se transforma en político. Y esta afirmación no se desvirtúa por el hecho de que no hubo continuidad entre los actores que fueron decisivos entre 2000 y 2005, los que después protagonizaron "la revolución forajida" y finalmente el movimiento político que llevó a Correa a la presidencia en 2007. La protesta callejera se ha convertido en manifestación asertiva que configura una correlación de fuerzas que propicia el cambio político y social. A semejanza de Bolivia, en Ecuador el movimiento indígena ha sido eje de la resistencia social al neoliberalismo. En Bolivia, la emergencia de lo indígena ha ocupado el lugar que en el pasado ocupó la clase obrera, en específico los mineros del estaño, desaparecidos por la globalización en la década de los ochenta. En Ecuador la emergencia étnica, ocupó el vacío dejado por la clase obrera ecuatoriana que se concentró en defender las conquistas laborales que estaban siendo barridas por la ofensiva neoliberal (Dávalos, 2007). Pero a diferencia de Bolivia, derivada de esa falta de continuidad en el proceso político en Ecuador se ha revelado una fractura muy importante entre el gobierno de Correa y la fuerza social y política que resultó decisiva en la lucha contra el neoliberalismo entre 2000 y 2005. Las expresiones organizadas de lo indígena, Pachakutik y la CONAIE, han expresado una postura tan crítica al gobierno de Correa que incluso el primero suscribió declaraciones y un manifiesto pidiendo la renuncia de Correa con motivo del fallido golpe de estado del 30 de septiembre de 2010 (Paz y Miño, 2010; Borón, 2010).

En 1990 el movimiento indígena encabezó el primer levantamiento nacional que paralizó al país, mientras que en 2005 y 2006 fue también determinante para frenar la suscripción del tratado de libre comercio (Paz y Miño, 2007). Es este ascenso popular el que explica el que entre 1996 y 2006 se hayan sucedido siete gobiernos y que tres presidentes hayan sido derrocados por levantamientos populares: Abdalá Bucaram (1997), Jamil Mahuad (2000) y Lucio Gutiérrez (2005) (Paz y Miño, 2007). En Ecuador ha sido esta resistencia popular la que ha frenado el autoritarismo por medio del cual se quería aplastar la oposición al neoliberalismo, tal como se demostró con la desarticulación en abril de 2005 del "estado de emergencia" y de una Corte Suprema de Justicia nombrada a gusto del partido de Gutiérrez (Tamayo, 2005c). La expansión de la protesta popular de Quito a Cuenca, Ibarra,

Otavalo y Riobamba, la profundización de la crisis después de la represión de la manifestación del 19 de abril, culminó con la destitución de Gutiérrez al día siguiente y su salida del país (Tamayo, 2005a; 2005b; 2005c; 2005d).

En Ecuador aparece de manera muy clara la vinculación del rechazo al neoliberalismo con el desprestigio de los partidos. En el momento del derrocamiento de Gutiérrez vuelve a aparecer el grito que se observó en Argentina durante la sublevación de 2001 (Tamayo, 2005b; Paz y Miño, 2007). El "¡Que se vayan todos!" se expresó en el hecho de que en el nuevo gobierno presidido por Alfredo Palacio, no incluía a integrantes de ningún partido político y en cambio se incorporaba a Rafael Correa, un economista explícitamente crítico de la dolarización y del TLC (Burch, 2005). El amplio abanico de grupos sociales que deploran a la clase política tradicional ecuatoriana no solamente comprende a lo indígena y popular propiamente dicho. También se han incorporado las clases medias urbanas que han enarbolado la bandera del "movimiento ciudadano" que esgrime moralización del sistema político liberal, la despartidización de los organismos electorales y de justicia, la revocatoria del mandato, los mecanismos anticorrupción y la fiscalización del sistema político (Davalos, 2007). Conviven entonces una corriente social expresada en lo indígena popular, y otra que comprende a las clases medias urbanas. En la confluencia –que no necesariamente alianza– de lo indígena popular y las clases medias, se articula la crisis hegemónica neoliberal y el cuestionamiento a los límites de la democracia liberal y representativa. No en balde se ha planteado que la convulsión política en ese país en los albores del siglo XXI se debe al entrelazamiento del agotamiento de dos ciclos: el del modelo económico neoliberal y el del Estado de partidos (Paz y Miño, 2007). El derrocamiento de Gutiérrez –síntoma de estos dos agotamientos entrelazados–, no resolvería la crisis política si no se asumía una resolución a estos agotamientos. Por ello, la agitación social se volvió a manifestar cuando Palacio, el sustituto de Gutiérrez, decidió darle continuidad a las medidas neoliberales: en agosto de 2005 las poblaciones de las provincias amazónicas de Sucumbíos y Orellana paralizaron la producción de petróleo en demanda de renegociación de los contratos petroleros y el cese del contrato para la Occidental Oil and Gas Corporation (OXY) (Tamayo, 2005e); en marzo de 2006 se observaron cortes de carretera, movilizaciones, tomas de instalaciones y paros en las provincias de Carchi, Imbabura, Pichincha, Cotopaxi, Tungurahua, Chimborazo, Bolívar, Cañar Azuay, Loja, Zamora, Oriente, Esmeralda y en la propia ciudad de Quito en el marco de la Movilización Nacional por la Defensa de la Vida y contra el TLC convocada por las organizaciones indígenas ECUARUNARI (Ecuador Runacunapac Riccharimuri – Confederación de los Pueblos Kichwa del Ecuador) y la CONAIE (Confederación de Nacionalidades Indígenas del Ecuador). Además de las demandas en contra del TLC, se agregaron las del repudio al Plan Colombia y la instauración de una asamblea constituyente y nuevamente la renegociación de los contratos petroleros y el cese del contrato para la Occidental Oil and Gas Corporation (OXY) (Tamayo, 2006a; Minga informativa 2006a; 2006b). La crisis del sistema de partidos políticos en Ecuador, como consecuencia de la crisis hegemónica del neoliberalismo ha sido tan acusada, que fueron temas de la primera ronda electoral la asamblea constituyente, la "partidocracia" y el repudio al Congreso. Resultó significativo también que el partido que postuló a Rafael Correa como candidato presidencial, Acuerdo País, no postuló candidatos al Congreso "para no seguir el juego de la política tradicional" (Paz y Miño, 2007). No era esto sino expresión de una fuerte presión social por la asamblea constituyente, que habiendo empezado desde 1990, fue una demanda pujante en 2005, y en 2006. En enero de 2007, existía una fuerte presión social que se expresaba en las encuestas, el 77% de la población apoyaba que se instaurara (Tamayo, 2006b; Tamayo 2007b). Las transformaciones políticas notables se empezaron a observar ya en funciones el presidente Correa: en marzo de 2007, el Tribunal Supremo Electoral destituyó a los 57 diputados que se opusieron al referendo para instaurar la Asamblea Constituyente (Varlese y Colleoni, 2007).

Eran los primeros síntomas de la "revolución ciudadana" en Ecuador.

IV.
¿Populismo o revolución?

La corriente dominante de interpretación desde la ciencia política y la sociología no tiene duda en la caracterización de lo que acontece en los tres países que nos ocupan: asistimos a un renacimiento del populismo en América Latina que pone en peligro las transiciones democráticas en la región. En la versión más extrema de dicha caracterización, la misma comprendería el amplio arco que va de Lula Da Silva hasta Chávez, pasando por Morales y Correa. En la interpretación más restringida, comprendería solamente a los regímenes encabezados por estos tres últimos. Desde el ámbito de la ciencia política o de la sociología política, el populismo ha sido definido como un estilo de liderazgo, como una estrategia discursiva (Freidenberg, 2007; Cansino y Covarrubias, 2006).[3] Esta interpretación tiene la desventaja de convertir al concepto en una suerte de cajón de sastre en el que entrarían los más distintos gobiernos: desde Cárdenas hasta Fox pasando por Salinas de Gortari en México (Cansino y Covarrubias, 2006: 29-42), desde Vargas en Brasil hasta Chávez en Venezuela pasando por Menem en Argentina (Freidenberg, 2007). No en balde Cansino y Covarrubias aseveran que "el populismo en regímenes políticos contemporáneos está presente como un exceso de realidad" (Cansino y Covarrubias, 2006: 29). En la versión reaccionaria vulgar, el populismo es retratado de manera resumida como demagogia, liderazgo autoritario de carácter mesiánico y gasto irresponsable del erario público en políticas asistencialistas (Krauze, 2005). En la versión más dura de esta acepción vulgar, el populismo no sería sino una versión atemperada del "cavernario estatismo

3. Aunque comparte la visión que incluye como populismos a fenómenos políticos muy diversos, justo es decir que Laclau en *La razón populista* (2005), se deslinda de la visión conservadora y *demofóbica* de la interpretación dominante del populismo en la ciencia política. Para Laclau, el populismo es una recuperación para la política de la dimensión popular lo cual es posible por la articulación de heterogéneos agentes sociales a través de una cadena de "significantes vacíos". Estos últimos son cadenas de demandas que deben despojarse de contenidos particulares para abarcar demandas sociales heterogéneas entre sí (Laclau, 2005: 125).

y colectivismo comunista" (Mendoza, Montaner y Vargas Llosa, 2007: 13). Desde la perspectiva de la sociología y la ciencia política dominante, la categoría de populismo pierde todo su valor heurístico porque caracteriza a procesos políticos y regímenes bastante diversos entre sí. En la perspectiva reaccionaria vulgar, la categoría de populismo se convierte solamente en arma de ataque político e ideológico.

Otros autores, eluden calificar como populismo o populismo radical al inacabado cambio social que se está observando en América Latina. Más bien buscan sus raíces "en las tradiciones del jacobinismo, del sindicalismo revolucionario, de los levantamientos populares urbanos y las revoluciones agrarias." (Gilly, 2007). ¿Cómo caracterizar a los procesos que hemos estado examinando? Acaso sea cierta la afirmación de Adolfo Gilly de que en tanto procesos inacabados, apresurarse a clasificarlos es "embrollar las pistas" (Gilly, 2008a). En un trabajo publicado recientemente, también Wallerstein se abstiene de calificativos, pero asevera que lo que se observa en la región no se trata de una "revolución" en el sentido tradicional del término (Wallerstein, 2008). No obstante, tanto las dirigencias como los movimientos políticos y sociales que se observan en Venezuela, Bolivia y Ecuador, imaginan a los cambios por los cuales están luchando como revoluciones: la "revolución bolivariana" en Venezuela, la "revolución ciudadana" en Ecuador, y la "revolución democrática cultural" en Bolivia. El vicepresidente boliviano Álvaro García Linera ha dicho que lo que está en curso es "una ampliación de élites, una ampliación de derechos y una redistribución de la riqueza. Esto, en Bolivia, es una revolución" (Gilly, 2008b). En el caso venezolano un connotado teórico trotskista británico califica al proceso como una "revolución a medias" o "una revolución inconclusa" que dejaría de serlo cuando el gobierno de Chávez se decida a nacionalizar la tierra, los bancos y las grandes industrias (Woods, 2008: 391-435). La derrota del *chavismo* en el referendo sobre la reforma constitucional de 2007 es interpretada por este autor como una muestra del agotamiento de las masas expresado en el abstencionismo, cansancio de palabras, discursos, desfiles y manifestaciones, elecciones y referendos. Las "masas quieren menos palabras y una acción más decisiva" (Woods, 2007).

La verdad probablemente esté más cerca de la indefinición, que de la certeza en la revolución permanente. El propio Chávez, no solamente oscila entre los puentes que tiende hacia las Fuerzas Armadas Revolucionarias de Colombia (FARC) y el declarar el fin de la lucha armada (Vargas, 2008); también entre el impacto que le ocasiona la idea de la "revolución permanente" y el convencimiento declarado de que el marxismo leninismo es un dogma caduco, y que la globalización y la informática han terminado con la lucha de clases (Berrios, 2007); entre su adhesión durante 1998 y 1999 a la "tercera vía" para salir del neoliberalismo salvaje construyendo un "capitalismo humano", y su adhesión en enero de 2005 a la idea del "socialismo del siglo XXI" (Lander y Navarrete, 2007: 7). Acaso la razón de fondo de estas oscilaciones no solamente radique en el proceso ideológico del propio Chávez, sino en el abismo que existe entre el agotamiento del neoliberalismo y la aparición de un modelo social alternativo que no ha sido elaborado (Sader, 2008d).

¿Es ese modelo social alternativo un ejercicio

dispendioso de la renta proveniente de los hidrocarburos? He aquí el señalamiento más severo en materia de política económica que se la hecho a los gobiernos llamados populistas, y en particular al encabezado por Chávez: creciente gasto fiscal, escasos logros en la producción agrícola, incapacidad de las unidades productivas llamadas socialistas para sostenerse sin apoyo financiero del Estado, ineficiencia de las viejas y nuevas empresas públicas incluida la petrolera (López Maya, 2008). El gobierno de Hugo Chávez ha sido exitoso en su política internacional para elevar los precios del petróleo, ha logrado remontar los declives económicos que le provocó el paro petrolero de 2002-2003 y es consciente de la vulnerabilidad que le provoca la petrolización de la economía (Lander y Navarrete, 2007: 13, 22, 24). La economía venezolana es la cuarta en Latinoamérica, el crecimiento promedio del PIB entre 2003 y 2007 fue de 11.5%, mientras el logrado en este último año fue de 8.8% (Coordinadora Mexicana, 2007). Durante 2007 fue notorio el decrecimiento de la actividad petrolera (3.9%) y el crecimiento de la actividad no petrolera (10.8%). Pero buena parte de esta última se centró en el sector servicios y en la importación; la industria alimenticia también creció entre 2005 y 2007 a una tasa promedio de 12.5%, aunque tal crecimiento ha resultado insuficiente porque también ha crecido notablemente la demanda de alimentos (Sutherland, 2007).

No cabe duda que Bolivia durante Evo Morales, también ha presenciado un auge productivo que lo distingue de los gobiernos anteriores. El promedio de crecimiento del PIB durante el gobierno de Hugo Bánzer (2000) fue de 2.5%, durante el gobierno de Jorge Quiroga (2001) fue de 1.6, y en los años de

Gonzalo Sánchez de Lozada (2002-2003) fue de 2.6. El crecimiento del PIB comenzó ascender con Carlos Mesa y Eduardo Rodríguez (2004-2005) pues llegó a poco más del 4%. Con Evo Morales tal crecimiento llegó a 4.8% en 2006, 4.6% en 2007 y hasta junio de 2008, ascendía a 6.1%, un promedio de 5.2%. El gobierno de Evo Morales se ha beneficiado con los altos precios de hidrocarburos, lo cual se ha reflejado en un aumento de las exportaciones entre 2006 y 2007 de 713 millones de dólares (15% en relación con el año anterior), un aumento de la inversión pública entre 2005 y 2007 de 376 millones de dólares (38% en relación a 2005), lo que implicó un aumento sustancial en inversión pública en industria y turismo (de 57 millones de bolivianos en 2005, a 495 en 2007). Se observó también un aumento de las recaudaciones fiscales de un 36% entre 2005 y 2007. El que la empresa de hidrocarburos boliviana (YPBF) sea dueña del 50.1% de la producción, y del 100% del transporte, comercialización y refinación, ha redundado en un aumento notable de la recaudación por hidrocarburos: entre 2001 y 2005 el Estado boliviano recibió 1,016 millones de dólares, mientras que entre 2006 y junio de 2008 recibió 2,627 millones de dólares (Presidencia de Bolivia, 2008).

Contando con los recursos que ha generado la bonanza, producto del alza de los precios de los hidrocarburos en Venezuela se ha observado una importante alza en el gasto social. En 1998 el gasto social era el 34.4% del gasto público mientras que en 2005 el mismo ascendía al 40.7%. Durante ese período el gasto social como porcentaje del PIB pasó de 8.2% al 12%, un aumento del 46.3%, ocupando un lugar notable la inversión en educación que se incrementó en un 80%

y ocupa ahora un gasto público de 5.4% del PIB (Lander y Navarrete, 2007: 52; Coordinadora Mexicana, 2007). La inversión social en salud como porcentaje del PIB, en 1998 era del 1.36%, en 2007 fue de 2.25% (Coordinadora Mexicana, 2007). Algo importante es que la concepción de la política social no es la de atención a los grupos más vulnerables sino se concibe como una política universal que construye inclusión y ciudadanía (Lander y Navarrete, 2007: 52). La Ley Habilitante aprobada en 2001, facultó al presidente Chávez para emitir leyes entre las que destacan las destinadas a democratizar la propiedad y la producción (Lander y Navarrete, 2007: 17). La política social del gobierno se ha organizado desde 2004 en las ahora muy conocidas "misiones": la "Misión Vuelvan Caras" (combate a la pobreza y desempleo), la "Misión Barrio Adentro" (atención médica), la "Misión Mercal" (comercialización de productos alimenticios), la "Misión Robinson" (alfabetización), la "Misión Robinson II" (educación primaria para recién alfabetizados), la "Misión Ribas" (educación secundaria para gente de cualquier edad), la "Misión Sucre" (estudios universitarios para sectores pobres y medios bajos) (Lander y Navarrete, 2007: 24, 25, 31). En 2007 se calculaba que estas misiones habían beneficiado al 48.3% de los hogares en Venezuela (Sutherland, 2007). Los efectos de estas políticas han sido notables: la pobreza extrema se redujo de 17.1% en 1998 a 7.9% en 2007, alcanzando en ese año una meta que estaba planteada para 2015. En 2005 la UNESCO constató el éxito de la Misión Robinson I al declarar a Venezuela un territorio libre de analfabetismo. Todos estos hechos y otros más, ocasionaron una elevación del índice de desarrollo humano de 0.691 en 1998 a 0.878% en 2007 (Coordinadora Mexicana, 2007).

En lo que se refiere a Bolivia, acaso el logro más importante sea que en dos años el gobierno de Evo Morales tituló cerca de 15 millones de hectáreas con un costo de 15 millones de dólares, mientras que los gobiernos anteriores titularon solamente 9 millones en 10 años con un costo de 85 millones de dólares. En ese período de tiempo se han invertido 133 millones de dólares en el impulso de la producción de alimentos para el mercado interno. El analfabetismo se redujo a 1.7% de los habitantes, en dos años y medio se alfabetizó al 88% de los 823 mil analfabetos que había en enero de 2006. Se realizaron casi 263 mil operaciones quirúrgicas gratuitas y se construyeron 966 hospitales. Además se distribuyeron más de 270 millones de bolivianos a través de la renta dignidad (Presidencia de Bolivia, 2008).

En abono a la idea de que los procesos en los tres países están más cerca de la revolución que del populismo, es que en ellos se observa un cuestionamiento profundo de la dominación de las élites (Cardozo, 2008). No es solamente una ampliación democrática, sino una disputa por subvertir la relación entre dominantes y subalternos. Esto que ha sido observado para Bolivia (Gilly, 2008b) resulta ser cierto también para Venezuela y Ecuador. En Venezuela se ha recuperado la ciudadanía para los sectores populares y el pueblo como sujeto político ocupa centralidad en el discurso oficial (López Maya, 2008). No se trata solamente de derechos económicos y sociales, se trata de derechos políticos que van más allá de lo electoral. Hay en ese sentido una subversión de las viejas relaciones sociales y la constitución de una nueva correlación de fuerzas.

Acaso esto resulte más importante en términos de transformación revolucionaria, que los datos sobre el gasto social que hemos mencionado anteriormente. El horizonte de visibilidad en el imaginario dirigente y en el de los movimientos políticos y sociales que impulsan la transformación, ha dejado de ser meramente posneoliberal y se ha convertido en poscapitalista. En Venezuela en noviembre de 2004 en un taller gubernamental, surgió un documento que se planteaba construir un modelo productivo que trascendiera al modelo capitalista, el cual en el largo plazo era "inviable e imposible". Un mes después, Chávez se pronunció por el socialismo del siglo XXI (Lander y Navarrete, 2007: 30, 31). Evo Morales se ha pronunciado por acabar con el sistema capitalista, no solamente por justicia social, sino también para salvar la vida de la humanidad (Morales, 2008). Y Rafael Correa, defendiendo a la constitución de la Asamblea Constituyente ratificó que el socialismo del siglo XXI priorizaba el trabajo sobre el capital y la búsqueda de la justicia social (Congreso Bolivariano, 2008a).

La resignificación de las relaciones sociales y el avizorar un horizonte poscapitalista, es lo que está en el sustento de la lucha por la instauración de las asambleas constituyentes en los tres países. En esto, la voluntad revolucionaria de las dirigencias y de un sector esencial del movimiento que las respalda se han encontrado con los valladares de la correlación de fuerzas en la sociedad. En la Venezuela de 1999, el movimiento *chavista* fue exitoso en impulsar la Asamblea Constituyente y ganó en abril con un 71% de los votos el referendo para que se constituyera. En diciembre, el 88% de los venezolanos votó a favor de la nueva constitución la cual no es un documento socialista (Lander y Navarrete, 2007: 12). Pero el proceso iniciado en enero de 2007 cuando se anunció la creación del Partido Socialista Unido de Venezuela (PSUV), y luego la reforma constitucional que profundizaría la revolución bolivariana (Lander, y Navarrete, 2007: 54), terminó con la derrota en el referendo de diciembre de 2007 (Trafilat, 2007). En lo que se refiere a Bolivia, el gobierno de Evo Morales logró un nuevo triunfo en enero del 2009, cuando el 60% de la población aprobó la nueva constitución (Rojas, 2009).

Como ya se mencionó, en Ecuador el apetito por la asamblea constituyente fue mucho más fuerte que en los otros dos países. El mismo día de su toma de posesión, Rafael Correa convocó a un referendo para decidir si se instalaba dicha asamblea (Tamayo, 2007a; 2007d). Tres meses después, en abril de 2007, el 81% de los consultados se pronunciaron por la instalación de la misma. El 30 de septiembre de ese año, el partido de Correa, que había renunciado a postular candidatos a diputados en las elecciones de 2006, ganó 80 de las 130 diputaciones de la Asamblea Constituyente (Paz y Miño, 2007; Congreso Bolivariano, 2007). En julio de 2008, la Asamblea Constituyente había concluido sus trabajos y tenía listo un proyecto de Constitución el cual sería sometido a referendo el 28 de septiembre de 2008. Este proyecto presentaba novedades: daba más competencias al Ejecutivo en materia de política económica, modificaba la autonomía del Banco Central, establecía el régimen del buen vivir (*sumak kaway*), los derechos de la naturaleza, la soberanía alimentaria, la declaratoria del Estado como plurinacionalidad y el reconocimiento del kichua y el shuar como "idiomas oficiales de relación intercultural", el reconocimiento de los derechos de las personas y grupos de atención prioritaria, los derechos al agua y a la comunicación, priorizaba la integración latinoamericana, la prohibición de bases militares extranjeras (Vargas, 2008; Tamayo, 2008a). Aun así, la CONAIE expresó que el nuevo proyecto no recogía adecuadamente sus propuestas en relación con los derechos de las nacionalidades y pueblos indígenas, por lo que daría su apoyo crítico al sí en el referendo para aprobar la Constitución (Minga informativa, 2008). Finalmente, el 28 de septiembre, la Constitución fue aprobada con casi el 64% de los votos. El Sí ganó en la provincia de Guayas (bastión de la oposición) con más del 50% de los votos y en Guayaquil perdió por una diferencia mínima (Tamayo, 2008b).

V.
Conclusiones

La calificación de los gobiernos de izquierda de Venezuela, Ecuador y Bolivia como "regímenes populistas" –hecha desde el pensamiento conservador–, se fundamenta en una concepción laxa del populismo. La crítica de Vilas a un primer trabajo de Laclau sobre el populismo (Laclau, 1978) se puede hacer también a la inmensa mayoría de los textos que desde la ciencia política han analizado el fenómeno: extiende "el concepto de populismo hasta tal punto, que le quita total relevancia: lejos de contribuir a precisar el concepto, agrava la imprecisión ya suficientemente abundante" (Vilas 1995a: 114). A lo cual habría que agregar algo de lo que no peca Laclau: el vacío conceptual resultante se llena con una carga negativa que descalifica a todos los movimientos políticos que haciendo uso de los procedimientos democráticos se enfrentan al *statu quo* (Sáenz, 2007: 290). Por lo demás, al despojar de su referente estructural al populismo se olvida que éste fue en América Latina un fenómeno político con una temporalidad y con economía política muy específica, propia de una fase de acumulación capitalista que en la actualidad ha sido dejada atrás (Vilas, 1995b).

Varios son los hechos que permiten otear la posibilidad de una revolución en marcha en Venezuela, Bolivia y Ecuador. El que los procesos allí observados sean continuidad de un largo proceso de protestas y movilizaciones sociales, el que estas protestas y movilizaciones hayan creado una nueva correlación de fuerzas en el seno de la sociedad, el que estas correlaciones de fuerza incluso se manifiesten en el establecimiento de mayorías electorales. A lo anterior hay que agregar el que el conjunto de fuerzas sociales y políticas de carácter revolucionario, hayan ganado la presidencia de la república, el que las mismas se constituyan en una fuerza significativa en el poder legislativo, el que por esto mismo hayan convertido al Estado en una zona de disputa por el poder político ante los poderes tradicionales. Finalmente, el que en todo este proceso haya una subversión de las relaciones sociales entre dominantes y subalternos, el que se observe una reorientación del gasto social que proporciona dignidad y una nueva ciudadanía a los pobres de la ciudad y del campo, el que se conciba a la democracia como participativa, el que busque deslindarse de la hegemonía imperial de Estados Unidos de América, el que en un sector importante de los que impulsan la transformación se avizore un horizonte postcapitalista. Todos estos hechos articulados permiten pensar que se observa algo más que populismo, un régimen que cuando aconteció se vinculaba más a una lucha por la modernización capitalista.

No estamos tampoco ante movimientos políticos y sociales que se fundan en el desprecio a la democracia. A mediados del 2006, una encuesta hecha por Latinbarómetro en 18 países revelaba que Bolivia y Ecuador eran los países en los cuales había la mayor proporción de ciudadanos que pensaban que podía haber democracia sin partidos y sin Congreso. El 89% de los ecuatorianos creía que se gobernaba a favor de los ricos y los poderosos. A pesar de ello, el 54% de los ecuatorianos consideraba que la democracia era el mejor gobierno posible, cifra superior a la de Colombia (53%) y a la de Brasil (46%) (Borón, 2007). Y encuestas aparte, la experiencia que ha tratado de consignar este trabajo revela que han sido los procesos electorales herramientas fundamentales para construir las condiciones políticas para una transformación social.

No faltan voces críticas que destacan tendencias autoritarias en Bolivia (Stefanoni y Bajo, 2008) y en Venezuela (López Maya, 2008). En el caso venezolano se ha señalado la excesiva dependencia a un líder carismático y la falta de liderazgo colectivo creíble a distintos niveles, concentración de poder en el presidente, incorporación más activa de militares al bloque en el poder (López Maya, 2008). Los 50 mil consejos comunales que son concebidos como órganos de poder popular (Azzelini, 2008; Congreso Bolivariano, 2008b) también son cuestionados porque no están concebidos para tomar decisiones realmente importantes sino solamente en el ámbito local (López Maya, 2008). No cabe duda que los tres procesos consignados son abigarrados y contradictorios. Que coexisten apetitos democráticos con atavismos autoritarios, aspiraciones autonomistas con vocaciones estadólatras, aspiraciones poscapitalistas con enriquecimientos capitalistas, austeridades republicanas con insultantes corrupciones. Sin embargo, nuevamente de acuerdo a dos encuestas de Latinbarómetro, realizadas en septiembre y octubre de 2007, la gran mayoría de los venezolanos parecería estar satisfechos con la democracia tal cual la están viviendo en Venezuela. En 1998 el nivel de satisfacción con la democracia en Latinoamérica era de 37%, en Venezuela estaba por debajo de la media, con un 35%. En 2007, el índice promedio de la región seguía en 37%, mientras en Venezuela ascendía a 59%; el nivel de confianza en el presidente era en Latinoamérica de 43%, mientras en Venezuela llegaba a 60%; el nivel de confianza en los partidos políticos en la región era de 20% y en Venezuela ascendía a 36% (Serrano, 2008).

La crisis de la hegemonía neoliberal, dio a las fuerzas de izquierda en estos tres países y en otros más, la ventana de oportunidad para convertirse en fuerzas hegemónicas o predominantes en esos lugares haciendo uso de los procedimientos de la democracia liberal y representativa. Y será este escenario procedimental el que las mantenga en ese lugar o las coloque en el lugar donde mucho tiempo han estado.

Bibliografía

Acosta Alberto

2003 "Ecuador, un país exportador de dólares". Envío de Serpal 218-03. Marzo. Enviado por SERPAL, Servicio de Prensa Alternativa. 6 de marzo de 2003.

Babb, Sara

2001 *Managing México. Economists from nationalism to neoliberalism*. Princeton University Press.

Azzelini, Darío

2008 "La revolución bolivariana: 'O inventamos o erramos'. Llaves para entender el proceso de transformación social venezolano". Revista *Bajo el Volcán*. Año 7, No. 12. Posgrado de Sociología. Instituto de Ciencias sociales y Humanidades de la Benemérita Universidad Autónoma de Puebla. Puebla.

Báez, René

2005a "Ecuador: El TLC y la tierra prometida". *ALAI-AMLATINA* 16 de junio, Quito. <http://alainet.org>.

2005b "Ecuador: Refundación 'al revés'". *ALAI-AMLATINA* 17 de agosto, Quito. <http://alainet.org>.

Baspineiro, Alex Contreras

2008a "El mismo libreto y ninguna solución Bolivia: 'Referenditis aguda'". *ALAI-AMLATINA*, 2 de junio. Cochabamba. <http://alainet.org>.

2008b "El pueblo boliviano gana una vez más. Presidente y prefectos opositores son ratificados por el soberano". *ALAI-AMLATINA*, 11 de agosto. Cochabamba. <http://alainet.org>.

2008c "El 'fenómeno Evo' aplasta a los divisionistas: Bolivia: Dos tercios de la población rumbo a la refundación". *ALAI-AMLATINA*, 26 de agosto, Cochabamba. <http://alainet.org>.

2008d "'Por las buenas o por las malas' Bolivia: sin acuerdo final marcha hacia el referéndum constitucional".

ALAI-AMLATINA, 7 de octubre, Cochabamba. <http://alainet.org>.

2008e "Pasos firmes que avanzan hacia la refundación: Bolivia: Miles marchan por la nueva constitución". *ALAI-AMLATINA*, 13 de octubre, Cochabamba. <http://alainet.org>.

Berrios, Matías

2007 "El posmodernismo en pleno: la lucha de clases terminó, ya no existen explotadores y explotados. Hugo Chávez sobre la creación del partido único: 'el marxismo-leninismo es un dogma que ya pasó y el que no esté de acuerdo que se vaya al PC'. El PSUV se aproxima al PSOE español y al laborismo de Toni Blair". *Tribuna Popular*, órgano del Partido Comunista de Venezuela. 25 de julio, Caracas.

Burch, Rally

2005 "Ecuador. ¿Cambio de rumbo?" *ALAI-AMLATINA*, 22 de abril, Quito. <http://alainet.org>.

Borón, Atilio

2007 "Ecuador: cita con la historia". *ALAI-AMLATINA* 16 de abril, Buenos Aires. <http://alainet.org>.

2008 "Néstor Kirchner y las desventuras del 'centro-izquierda' en Argentina". Revista *Bajo el Volcán*. Año 7, No. 12. Posgrado de Sociología. Instituto de Ciencias Sociales y Humanidades de la Benemérita Universidad Autónoma de Puebla. Puebla.

2010 "Notas sobre el frustrado golpe de Estado en Ecuador". Revista electrónica *Rebelión*. 1 de octubre. http://www.rebelion.org/noticia.php?id=114088

Cansino, César e Israel Covarrubias

2006 *En el nombre del pueblo. Muerte y resurrección del populismo.* Universidad Autónoma de Ciudad Juárez.

Cardozo Alcalá, Grover

2008 "Ignacio Ramonet: 'El parto que está teniendo Bolivia no es posible sin dolor'". *ALAI-AMLATINA*, 19 de septiembre, Malmo. <http://alainet.org>.

CEDIB
2008 "La Bolivia del revocatorio". *ALAI-AMLATINA*, 7 de agosto. Cochabamba. <http://alainet.org>.

CEG. Centro de Estudios de Guatemala
2008 Resumen de noticias, del 28 de octubre al 3 de noviembre de 2008. Boletín Semanal de noticias *La Semana en Guatemala*. <http://ceg.org.gt>.

Comité Político del Movimiento Indio Pachakuti (MIP)
2008 "Traición al movimiento indígena y popular". 21 de octubre, Chukiyawu Marka.

Coordinadora Mexicana de Organizaciones solidarias con la República Bolivariana de Venezuela
2007 *Verdades venezolanas*. México.

Congreso Bolivariano de los Pueblos
2007 "Ecuador: Victoria absoluta del 78% del Sí en consulta". Boletín no. 185 del Congreso Bolivariano de los Pueblos, órgano del Movimiento de los pueblos Unidos por nuestra América 16 de abril. <http://www.congresobolivariano.org>.
2008a "Asamblea constituyente es un instrumento contra el neoliberalismo. Declaraciones de Rafael Correa". Boletín del Congreso Bolivariano de los Pueblos, órgano del Movimiento de los pueblos Unidos por nuestra América. 23 de julio. <http://www.congresobolivariano.org>.
2008b "En las manos del pueblo está la solución Declaraciones de Diosdado Cabello". Boletín del Congreso Bolivariano de los Pueblos, órgano del Movimiento de los pueblos Unidos por nuestra América. 23 de julio. <http://www.congresobolivariano.org>.
2008c "Bolivia". Boletín informativo No. 232 del Congreso Bolivariano de los Pueblos, órgano del Movimiento de los pueblos Unidos por nuestra América, 16 de agosto. <http://www.congresobolivariano.org>.

Dávalos, Pablo
2007 "Ecuador: Movimientos ciudadanos, Asamblea constituyente y neoliberalismo". *ALAI-AMLATINA*, 12 de enero, Quito. <http://alainet.org>.

Del Río, Salvador
2008 "Bolivia y Venezuela, en la mira de Washington. 'La agenda positiva', nueva arma de injerencia de EU". *ALAI-AMLATINA*, 12 de septiembre, México D.F. <http://alainet.org>.

Ferrari, Sergio
2004 "Nos equivocamos con Lucio Gutiérrez. Nota con Luis Macas, dirigente de Pachakutik y ex ministro ecuatoriano de agricultura". 17 de febrero. Enviado por SERPAL, Servicio de Prensa Alternativa. <www.serpal.info>.

Freidenberg, Flavia
2007 *La tentación populista: una vía al poder en América Latina*. Editorial Síntesis S. A., Madrid.

Fukuyama, Francis
1989 "The end of the History". *The National Interest*. Verano.
1992 *El fin de la historia y el último hombre*. Editorial Planeta, Barcelona.

Gilly, Adolfo
2008a "Planeta sin ley". *La Jornada*. 19 de marzo. México D. F.
2008b "Racismo, dominación y revolución en Bolivia". Revista Electrónica *Sinpermiso*. 29 de septiembre. <http://www.sinpermiso.info/textos/index.php?id=2077>.

Gómez Leyton, Juan Carlos
2007 "Presentación". En *América Latina*, Revista del Doctorado en Procesos Sociales y Políticos en América Latina. 2°. Semestre 2006/1er. Semestre 2007, Universidad Arcis, Santiago de Chile.
2008 "Gobernabilidad social en los tiempos de Michelle Bachelet. Política, sociedad civil y ciudadanía". En

Moreira, Carlos, Diego Raus y Juan Carlos Gómez Leyton (Coords) (2008). *La nueva política en América Latina. Rupturas y continuidades*. FLACSO-Uruguay, Universidad de Lanas, Universidad Arcis y Ediciones Trilce, Montevideo.

Herrera F., Ricardo
2008 "Quienes creen que Bolivia es inviable, ofician inconscientemente de abogados de su desaparición", entrevista a Mario Miranda P." México D. F.

Laclau, Ernesto
1978 *Política e ideología en la teoría marxista*. Siglo XXI Editores, México D. F.
2005 *La razón populista*. Fondo de Cultura Económica, México D. F.

Lander, Edgardo y Pablo Navarrete
2007 *La política económica de la izquierda latinoamericana en el gobierno de Venezuela*. Havens Center, Rosa Luxemburg Stiftung, Transnational Institute. Amsterdam, noviembre.

Krauze, Enrique
2005 "El decálogo del populismo iberoamericano", en <http://www.elpais.com/solotexto/articulo.html?xref=20051014elpepiopi_7&type=Tes>, 14 de octubre de 2005.

Larrea, Carlos, Freire, Wilma, y Lutter, Chessa
2001 *Equidad desde el principio: La situación nutricional de los niños ecuatorianos*. Washington: PAHO-MBS, 2001.

León, Osvaldo
2004 "Ecuador: Renuncia o destitución". *ALAI-AMLATINA*, 26 de abril, Quito. <http://alainet.org>.

Long, Guillaume
2008 "El mito de la inestabilidad: Estabilidad política y crecimiento económico en Ecuador". *Ecuador Debate*

No. 74, Revista especializada en Ciencias Sociales. Quito, agosto.

López Maya, Margarita

2008 *¿Hacia donde va Venezuela? Elementos para evaluar la coyuntura electoral actual.* Manuscrito inédito. Octubre.

López Maya, Margarita y Luis E. Lander

2008 "Contrapunteo de acciones colectivas beligerantes y cívicas en la democracia venezolana reciente". Manuscrito inédito que se publicará en el libro actualmente en preparación por el Grupo de Trabajo sobre Historia Reciente del Consejo Latinoamericano de Ciencias Sociales (CLACSO).

Minga Informativa de Movimientos Sociales

2006a "Ecuador: Movilización en defensa de la vida y contra TLC. Movilización nacional en defensa del agua, páramos, agricultura, tierras y semillas. Sí a la vida... No al TLC... Fuera OXY... No al Plan Colombia... Si a la Asamblea Constituyente". Quito, 13 de marzo.

2006b "Movilización Nacional en defensa de la vida con fuerza ECUARUNARI–CONAIE". Quito, 14 de marzo.

2008 "La CONAIE frente al referéndum y la nueva Constitución". Quito, 4 de septiembre.

Morales, Evo

2008 "Mensaje de Evo Morales al Foro Social de las Américas". Minga Informativa de Movimientos Sociales. 9 de octubre.

Ortiz, Isabel y Oscar Ugarteche

2008 "El Banco del Sur: Avances y desafíos", *ALAI-AMLATINA,* 3 de octubre. Nueva York y México D. F. <http://alainet.org>.

Paz y Miño Cepeda, Juan J.

2007 "La Asamblea Constituyente de 2007: un nuevo ciclo histórico en Ecuador". *boletín del THE* (Taller de Historia

Económica). Año VIII, No. 8 Pontificia Universidad Católica del Ecuador. Facultad de Economía. Noviembre-diciembre, Quito, <http://puce.the.pazymino.com>.

2010 "El «30-S» en Ecuador: insurrección vs democracia. Un episodio de Historia Inmediata". *Historia y Economía*. Boletín del THE-Taller de Historia Económica. Pontificia Universidad Católica del Ecuador - Facultad de Economía. Quito, Septiembre, No. 06 - <http://the.pazymino.com>.

Petkoff, Teodoro

2005 "Las dos izquierdas". *Nueva Sociedad* No. 1987. Mayo-junio.

Presidencia de la República de Bolivia

2008 "Evo Morales Ayma. Logros gestión de gobierno". Enero de 2006-junio, La Paz.

Rauber, Isabel

2008 *En Bolivia se define el continente. Pasado, presente y futuro de las democracias latinoamericanas*. 14 de septiembre.

Rojas, Rosa

2008 "Acuerdan gobierno y oposición referendo constitucional para enero". *La Jornada*, 21 de octubre. México D. F.

2009 "Gana el sí a la Constitución; Proclama Evo Morales la refundación de Bolivia." *La Jornada*, México D. F. 26 de enero. <http://www.jornada.unam.mx/2009/01/26/index.php?section=mundo&article=023n1mun>.

Romero, María José

2008 "Etapa de definiciones en torno al Banco del Sur", *ALAI-AMLATINA*, 24 de julio, Montevideo.

Sáenz de Tejada, Ricardo

2007 "Populismo y crítica a la democracia". En Julio Aibar Gaete (Coord) (2007). *Vox Populi. Populismo y democracia en Latinoamérica*. FLACSO, México D. F.

Sader, Emir

2007 "ALBA: Del sueño a la realidad". ALAI-AMLATINA, 7 de mayo. Buenos Aires. <http://alainet.org>.

2008a "Bolivia: el racismo separatista". Revista Electrónica *Sinpermiso*. 4 de abril. <http://www.sinpermiso.info/textos/index.php?id=1833>.

2008b "Críticas de derecha e izquierda al gobierno de Lula". Revista Electrónica *Sinpermiso*. 11 de abril. <http://www.sinpermiso.info/textos/index.php?id=1851>.

2008c "Fases de la lucha antineoliberal". Revista Electrónica *Sinpermiso*. 8 de junio. <http://www.sinpermiso.info/textos/index.php?id=1906>.

2008d "Construir una nueva hegemonía. Entrevista a Emir Sader". Diario *Página 12*. 17 de agosto, Buenos Aires.

Salgado Tamayo, Manuel

2003 "Ecuador: el rápido naufragio de una esperanza. El primer mes del gobierno de Lucio Gutiérrez. Ecuador: Entre la esperanza y el desencanto (1)" Envío de Serpal 218-03. Marzo. Enviado por SERPAL, Servicio de Prensa Alternativa. 6 de marzo de 2003.

Serpal

2004 "Editorial". 4 de febrero. Envío de SERPAL 260-4. Enviado por SERPAL, Servicio de Prensa Alternativa. <www.serpal.info>.

Serrano, Pascual

2008 "Venezuela es el país de América Latina donde más ciudadanos califican de positiva su situación económica y el segundo donde más satisfechos están con la democracia". Revista electrónica *Rebelión*. 16 de enero. <http://www.rebelion.org/noticia.php?id=61875>.

Sutherland, Manuel

2007 "¿Qué hay detrás de la economía venezolana y su fantástico crecimiento, para quién son los beneficios en la transición al socialismo bolivariano?". Asociación Bolivariana de Economistas Socialistas (ABES). 4 de junio.

Tamayo G., Eduardo

2005a "Ecuador: Multitudinaria marcha contra Gutiérrez". *ALAI-AMLATINA*, 16 de febrero, Quito. <http://alainet.org>.

2005b "Ecuador: Que se vayan todos", *ALAI-AMLATINA*, 13 de abril, Quito. <http://alainet.org>.

2005c "Ecuador: Resistencia a medidas dictatoriales", *ALAI-AMLATINA* 18 de abril, Quito. <http://alainet.org>.

2005d "Cayó Gutiérrez", *ALAI-AMLATINA*, 20 de abril, Quito. <http://alainet.org>.

2005e "Ecuador: Se reactualiza lucha por defensa de petróleo", *ALAI-AMLATINA*, 25 de agosto. Quito. <http://alainet.org>.

2006a "Ecuador: Firme oposición a firma del TLC", *ALAI-AMLATINA*, 16 de marzo. Quito. <http://alainet.org.

2006b "Ecuador: Asamblea Constituyente agita escenario político", *ALAI-AMLATINA*, 27 de noviembre. Quito. <http://alainet.org>.

2007a "Ecuador: Rafael Correa asumió el poder", *ALAI-AMLATINA*, 15 de enero. Quito. <http://alainet.org>.

2007b "Ecuador: presión social por la Asamblea Constituyente", *ALAI-AMLATINA*, 30 de enero. Quito. <http://alainet.org>.

2007c "El BANSUR en el debate", *ALAI-AMLATINA*, 26 de abril. Quito. <http://alainet.org>.

2007d "Consulta popular en Ecuador: momento crucial", *ALAI-AMLATINA*, 12 de abril. Quito. <http://alainet.org>.

2007e "Ecuador escogió la ruta del cambio y la soberanía", *ALAI-AMLATINA*, 27 de noviembre, Quito. <http://alainet.org>.

2008a "Ecuador: Asamblea Constituyente entrega nueva Constitución", *ALAI-AMLATINA*, 25 de julio. Quito. <http://alainet.org>.

2008b "Referéndum en Ecuador: Categórico triunfo de la aspiración de cambio", *ALAI-AMLATINA*, 29 de septiembre. Quito. <http://alainet.org>.

Trafilaf, Sandra

2007 "Venezuela: Este proyecto sigue vivo", ALAI-AMLATINA, 03/12/2007, Caracas. <http://alainet.org>.

Vargas Llosa, Mario

2007 "Piedra de Toque. El regreso del idiota", prólogo a Apuleyo, Plinio, Carlos Alberto Montaner y Álvaro Vargas Llosa, *El regreso del idiota*, Random House Mondadori, México, D. F.

Stefanoni, Pablo y Ricardo Bajo

2008 "Consecuencias de la salida pactada: la crisis global, única 'oposición' a Evo". 9 de octubre, La Paz. <http://www.sinpermiso.info/textos/index.php?id=2158>.

Vargas Velásquez, Alejo

2008a "Viraje de Chávez sobre el conflicto colombiano". Diario *El Colombiano*. 1 de junio. Bogotá.

2008b "Seguridad, defensa y nueva Constitución ecuatoriana". Diario *El Colombiano*. 30 de julio. Bogotá.

Varlese, Dilecta y Paola Colleoni

2007 "Lucha a cara de perro en Ecuador". *Il Manifesto*, 13 de marzo, Roma.

Vilas, Carlos

1995a "Estudio preliminar: el populismo o la democratización fundamental en América Latina" en Carlos Vilas (Comp.) *La democratización fundamental. El populismo en América Latina*. Consejo Nacional para la Cultura y las Artres (CONACULTA), México D. F.

1995b "El populismo latinoamericano: un enfoque estructural", en Carlos Vilas (Comp.). *La democratización fundamental. El populismo en América Latina*. Consejo Nacional para la Cultura y las Artes (CONACULTA), México D. F.

Wallerstein, Immanuel

2008 "La cuestión real no es si América Latina se ha movido hacia la izquierda sino qué tan a la izquierda se ha movido". *La Jornada*, 19 de mayo. México D. F.

Woods, Alan

2007 "¿Qué significa la derrota en el referéndum?". *El Militante*. Diciembre. <www.elmilitante.org>.

2008 *Reformismo o revolución. Marxismo y socialismo del siglo XXI. Respuesta a Heinz Dieterich*. Fundación Federico Engels, Madrid.

Zibechi, Raúl

2008 "UNASUR: La integración posible", *ALAI-AMLATINA*, 30 de mayo, Montevideo.

Postfacio a la segunda edición

Con satisfacción escribo estas líneas con motivo de la segunda edición de *¿En el umbral del posneoliberalismo? Izquierda y gobierno en América Latina*. El motivo no es para menos pues habiendo empezado a circular el libro entre febrero y marzo de 2010, en unos cuantos meses el editor ha considerado necesario volverlo a editar. Para un autor académico que no escribe ni publica nada que se parezca a un *best seller*, el hecho es inevitablemente placentero. El libro contó con una buena recepción en la prensa guatemalteca, hecho que indudablemente contribuyó a aumentar el interés por el mismo. Pero acaso también haya influido en este interés el que el proceso político en Latinoamérica, sea una realidad palpitante debido a que es acaso la única región del mundo en la cual la crisis del neoliberalismo se ha traducido en una crisis de hegemonía del mismo. Desde que el libro fue escrito y puesto en prensa varios de los aspectos que en él se abordan han aparecido una y otra vez. En primer lugar que los gobiernos de izquierda y los movimientos sociales y políticos que están asociados a los primeros libran una batalla en el seno del Estado y la sociedad civil, lo cual demuestra que ni esta última es expresión solamente de lo popular, ni que el primero es solamente aparato de dominación. Más bien lo que ha venido sucediendo es algo que encaja muy bien en la visión que de estos ámbitos tenía Antonio Gramsci: que Estado y sociedad civil son territorios en disputa por fuerzas que tienen proyectos encontrados y que por tanto derecha e izquierda en América Latina se enfrentan allí a menudo de manera enconada. A diferencia de lo sucedido en décadas anteriores, tal disputa se hace en el marco de la democracia liberal y representativa. Y como lo evidencia el caso de México, la mera existencia de un movimiento social y político actuando desde la sociedad civil, crea una correlación de fuerzas que hace que la derecha aun estando en el gobierno no las tenga todas consigo.

Una parte fundamental de la izquierda en América Latina ha hecho de las elecciones el recurso indispensable en la disputa por el poder. Pero los triunfos electorales no implican la conquista del poder sino de una parcela de éste, la que se expresa en el gobierno. Y he aquí donde observamos una de las paradojas en la región en el momento actual. La izquierda, antaño tan crítica y reacia a los procesos electorales, le apuesta a los triunfos electorales. Y la derecha que ha hecho de la democracia electoral su bandera, hoy también le ha apostado a la eventualidad del golpe de estado. El antecedente de esta apuesta se encuentra en el fallido intento golpista en Venezuela en 2002. Desde que este libro fue escrito la derecha ha persistido en esos caminos. En septiembre de 2008 lo intentó hacer en Bolivia, además de dos fallidos intentos de magnicidio contra Evo Morales. En mayo de 2009 tal pretensión se observó en Guatemala y en junio de ese mismo año la tentativa culminó exitosamente con el derrocamiento del presidente Manuel Zelaya en Honduras.

Finalmente en septiembre de 2010 la víctima de tales tentativas fue el gobierno del presidente Rafael Correa en Ecuador. La diferencia entre el éxito reaccionario en Honduras y los fracasos observados en los otros casos, han sido las respuestas populares pero sobre todo la conducta de las fuerzas armadas.

Entre las discusiones que ha generado este libro está el de cuestionar en los tres países andinos la existencia de un proceso revolucionario. Finalmente no se observan en ellos definidas medidas anticapitalistas aunque hay subversiones en el ámbito político y social que no es posible ignorar. En todo caso las derechas en esos países y aun en Honduras, consideraron estos procesos los suficientemente amenazantes como para organizar golpes de estado. El caso de Guatemala es particular. No existe en este país una voluntad transformadora como se ha observado en los demás países aludidos. Y este libro trata de demostrar los límites e incertidumbres que tiene un gobierno que se ha autodefinido como socialdemócrata. Sin embargo, en la medida en que mantiene una distancia con respecto a la cúspide empresarial tradicional, la derecha guatemalteca ha hecho de ese gobierno y de su eventual continuidad un adversario de primer orden. Acaso la tentativa golpista de mayo de 2009 en Guatemala, más que evidenciar a un amenazante gobierno de izquierda, revele a una derecha extremista bastante proclive a patear el tablero, si está perdiendo el juego, con las reglas del juego que inicialmente aceptó.

En América Latina la posibilidad de otear un mundo posneoliberal está asentada en la crisis objetiva que éste manifiesta y en que dicha crisis se traduzca en una subjetividad de rebeldía en amplios y distintos sectores de la sociedad. Y en esto último, se vuelve decisivo el que esta subjetividad se traduzca en victorias electorales para la izquierda. El que estas victorias electorales sean contundentes, unido a una amplia movilización social y a una viabilidad económica que dan los hidrocarburos, se convierte en la posibilidad de que en los tres países andinos analizados en este libro se esté hablando en términos de revolución social y de un horizonte que no se visualiza meramente como posneoliberal sino también como poscapitalista. En todos los países en los cuales fuerzas políticas de voluntad posneoliberal han accedido al gobierno, los procesos electorales y el obtener una cómoda mayoría en ellos, se convierte en condición (no necesariamente en garantía) para que esta voluntad posneoliberal se convierta en políticas públicas. En el caso de los países andinos en este libro examinados, una reversión de los márgenes electorales hasta ahora obtenidos implicaría un aminoramiento o una reversión del ritmo de la voluntad transformadora.

Así las cosas, los procesos políticos analizados en este libro son realidades fluidas y que pueden cambiar abruptamente. De ninguna manera son hechos irreversibles. Acaso el valor que puedan tener los capítulos que en este texto pretenden analizarlos es que tratan de coyunturas en las cuales se condensan años de conflictos acumulados. La vía en que éstos se resolverán está abierta. Dependerá de las correlaciones de fuerzas, del arte político, y la congruencia que acumulen las fuerzas sociales y políticas a través de las cuales hoy se expresa el neoliberalismo y la posibilidad de negarlo.

Carlos Figueroa Ibarra.
Octubre de 2010.

¿En el umbral del posneoliberalismo? Izquierda y gobierno en América Latina de Carlos Figueroa Ibarra, segunda edición, se terminó de imprimir en noviembre de 2010. La edición consta de 1000 ejemplares. F&G Editores, 31 avenida "C" 5-54 zona 7, Colonia Centro América, 01007. Guatemala, C.A. Telefax: (502) 2439 8358 Tel.: (502) 5406 0909 informacion@fygeditores.com www.fygeditores.com

Otras publicaciones de F&G Editores

Paz Tejada:
Militar y revolucionario
Carlos Figueroa Ibarra

Memoria, tiempo y sujeto
Sergio Tischler Visquerra

Imagen y dialéctica.
Mario Payeras y los interiores de una constelación revolucionaria
Sergio Tischler Visquerra

Una guerra sin batallas:
Del odio, la violencia y el miedo en el Ixcán y el Ixil, 1972-1983
Prólogo por Edelberto Torres-Rivas
Roddy Brett

Entre la comunidad y la república:
ciudadanía y sociedad civil en Guatemala
Marco Fonseca

Guatemala: Causas y orígenes del enfrentamiento armado interno
Prólogo de Edelberto Torres-Rivas: "La metáfora de una sociedad que se castiga a sí misma"
Comisión para el Esclarecimiento Histórico

Conclusiones y recomendaciones, Guatemala memoria del silencio
Prólogo de Edelberto Torres-Rivas
Comisión para el Esclarecimiento Histórico

Guerrilla: guerra y paz en Centroamérica
Prólogo de Edelberto Torres-Rivas
Dirk Kruijt